FRIEDRICH CHRISTOPH OETINGER

Passions- und Festtagspredigten

1974

VERLAG ERNST FRANZ METZINGEN

ISBN 3-7722-0151-2

Herstellung: durch Heinzelmann Druck-Service, Metzingen
Printed in Germany

VORWORT

Seit alters genießen die Passionspredigten Prälat Oetingers und die seines Schülers, des Pfarrers Philipp Matthäus Hahn, besondere Wertschätzung.

Während die Passionsbetrachtungen des Letztgenannten mit dessen Predigtbuch in gewissen Zeitabständen immer wieder eine Neuauflage erfahren haben, sind die Passionspredigten Oetingers seit weit über hundert Jahren nicht mehr gedruckt worden. Es ist deshalb verständlich, daß gerade für sie heute besondere Nachfrage besteht.

Wäre der Neudruck auf die vorhandenen sechs Passionspredigten beschränkt geblieben, hätte sich freilich nur ein allzu schmales Bändchen ergeben. Der Verlag entschloß sich daher, auch für die anderen kirchlichen Festtage je noch eine Predigt beizugeben. Sie stammen aus dem 5. Band von Oetingers Predigten, der sogenannten Nachlese, die Pfarrer Ehmann im Jahr 1858 herausgebracht hat. Diesen Predigten dienen gleichzeitig beide Sonntagstexte zur Grundlage: der aus den Evangelien für die Vormittagspredigt *und* der aus den »Episteln«, d. h. den Apostelbriefen, der Apostelgeschichte und der Offenbarung, für die noch bis in unser Jahrhundert herein regelmäßig gehaltene Sonntagnachmittagspredigt. Sie sind von einer unerhörten Dichte und Durchschlagskraft. Den Freunden kernhafter Schriftauslegung wird damit für die festliche erste Hälfte des Kirchenjahres eine besonders wertvolle Gabe dargereicht.

Angefügt wurde noch eine weitere Rede Oetingers, die bei seinen Freunden ihrer Seltenheit wegen sehr gesucht ist und darum sicherlich willkommen geheißen wird.

ERSTE PASSIONSPREDIGT

Daß die Menschen wie die Jünger die Leidensgeschichte nicht nach dem Geist vernehmen

TEXT*: Es war aber nahe das Fest der süßen Brote, das da Ostern heißt. Und Jesus sprach zu seinen Jüngern: »Ihr wisset, daß nach zwei Tagen Ostern wird; und des Menschen Sohn wird überantwortet werden, daß er gekreuzigt werde.« Da versammelten sich die Hohenpriester und Schriftgelehrten und die Ältesten im Volk in dem Palast des Hohenpriesters, der da hieß Kaiphas, und hielten Rat, wie sie Jesum mit List griffen und töteten. Sie sprachen aber: »Ja nicht auf das Fest, auf daß nicht ein Aufruhr werde im Volk!« Und fürchteten sich vor dem Volk. Da ging hin der Zwölfe einer mit Namen Judas Ischarioth und redete mit den Hohenpriestern und mit den Hauptleuten, wie er ihn wollte ihnen überantworten, und sprach: »Was wollt ihr mir geben? Ich will ihn euch verraten.« Da sie das hörten, wurden sie froh und gelobten, ihm Geld zu geben; und sie boten ihm dreißig Silberlinge. Und er versprach es; und von dem an suchte er Gelegenheit, daß er ihn überantwortete ohne Lärmen.

Aber am ersten Tag der süßen Brote, auf welchen man mußte opfern das Osterlamm, traten die Jünger zu Jesus und sprachen zu ihm: »Wo willst du, daß wir dir bereiten, daß du das Osterlamm essest?« Und er sandte seiner Jünger zwei, Petrus und Johannes, und sprach zu ihnen: »Gehet hin in die Stadt; siehe, wenn ihr hineinkommt, wird euch ein Mensch begegnen, der trägt einen Krug mit Wasser; folget ihm nach in das Haus, da er hineingeht, und saget zu dem Hausherrn: ›Der Meister läßt dir sagen: Meine Zeit ist nahe, ich will bei dir Ostern halten mit meinen Jüngern; wo ist die Herberge, darin ich das Osterlamm essen möge?‹ Und er wird euch einen großen Saal zeigen, der mit Polstern versehen ist, daselbst richtet für uns zu.« Und die Jünger gingen aus und kamen in die Stadt und fanden es, wie er ihnen gesagt hatte, und bereiteten das Osterlamm.

Am Abend aber kam Jesus mit den Zwölfen, setzte sich nieder und die zwölf Apostel mit ihm. Und er sprach zu ihnen: »Mich hat herzlich verlangt, dies Osterlamm mit euch zu essen, ehe denn ich leide. Denn ich sage euch, daß ich hinfort nicht mehr davon essen werde, bis daß es

* Die Texte sind der »aus den vier Evangelien zusammengefaßten Leidensgeschichte Jesu Christi« entnommen, die in Württemberg den Predigten der Passionszeit schon seit langem zu Grund gelegt wird. Sie finden sich im Anhang des Evangelischen Kirchengesangbuchs.

erfüllt werde im Reich Gottes.« Und er nahm den Kelch, dankte und sprach: »Nehmet ihn und teilet ihn unter euch; denn wahrlich, ich sage euch, daß ich hinfort nicht trinken werde vom Gewächs des Weinstocks bis auf den Tag, da ich es neu trinken werde mit euch in meines Vaters Reich.«

Es erhob sich auch ein Zank unter den Jüngern, welcher unter ihnen sollte für den Größten gehalten werden. Jesus aber sprach zu ihnen: »Die weltlichen Könige herrschen, und die Gewaltigen heißt man gnädige Herren. Ihr aber nicht also; sondern der Größte unter euch soll sein wie der Jüngste, und der Vornehmste wie ein Diener. Denn welcher ist größer, der zu Tische sitzt oder der da dient? Ist's nicht also, daß der zu Tische sitzt? Ich aber bin unter euch wie ein Diener. Ihr aber seid es, die ihr beharret habt bei mir in meinen Anfechtungen. Und ich will euch das Reich bescheiden, wie mir's mein Vater beschieden hat, daß ihr essen und trinken sollt an meinem Tisch in meinem Reich und sitzen auf Stühlen und richten die zwölf Geschlechter Israels.«

Und da Jesus erkannte, daß seine Zeit gekommen war, daß er aus dieser Welt ginge zum Vater: wie er hatte geliebt die Seinen, die in der Welt waren, so liebte er sie bis ans Ende. Und bei dem Abendessen, da schon der Teufel hatte dem Judas, Simons Sohn, dem Ischarioth, ins Herz gegeben, daß er ihn verriete, und Jesus wußte, daß ihm der Vater hatte alles in seine Hände gegeben und daß er von Gott gekommen war und zu Gott ging: stand er vom Abendmahl auf, legte seine Kleider ab und nahm einen Schurz und umgürtete sich. Darnach goß er Wasser in ein Becken, hob an, den Jüngern die Füße zu waschen, und trocknete sie mit dem Schurz, damit er umgürtet war. Da kam er zu Simon Petrus; und der sprach zu ihm: »Herr, solltest du mir meine Füße waschen?« Jesus antwortete und sprach zu ihm: »Was ich tue, das weißt du jetzt nicht; du wirst es aber hernach erfahren.« Da sprach Petrus zu ihm: »Nimmermehr sollst du mir die Füße waschen.« Jesus antwortete ihm: »Werde ich dich nicht waschen, so hast du kein Teil mit mir.« Spricht zu ihm Simon Petrus: »Herr, nicht die Füße allein, sondern auch die Hände und das Haupt!« Spricht Jesus zu ihm: »Wer gewaschen ist, der bedarf nichts, denn die Füße waschen, sondern er ist ganz rein. Und ihr seid rein, aber nicht alle.« Denn er wußte seinen Verräter wohl; darum sprach er: »Ihr seid nicht alle rein.« Da er nun ihre Füße gewaschen hatte, nahm er seine Kleider und setzte sich wieder nieder und sprach abermals zu ihnen: »Wisset ihr, was ich euch getan habe? Ihr heißet mich Meister und Herr und saget recht daran; denn ich bin es auch. So nun ich, euer Herr und Meister, euch die Füße gewaschen habe, so sollt ihr auch euch untereinander die Füße waschen. Ein Beispiel habe ich euch gegeben, daß ihr tut, wie ich euch getan habe. Wahrlich, wahrlich, ich sage euch: Der Knecht ist nicht größer denn sein Herr, noch der Apostel größer

denn der ihn gesandt hat. So ihr solches wisset, selig seid ihr, so ihr's tut. Nicht sage ich von euch allen; ich weiß, welche ich erwählt habe. Aber es muß die Schrift erfüllt werden: ›Der mein Brot isset, der tritt mich mit Füßen.‹ Jetzt sage ich's euch, ehe denn es geschieht, auf daß, wenn es geschehen ist, ihr glaubet, daß ich es bin. Wahrlich, wahrlich, ich sage euch: Wer aufnimmt, so ich jemand senden werde, der nimmt mich auf; wer aber mich aufnimmt, der nimmt den auf, der mich gesandt hat.«
Da Jesus solches gesagt hatte, ward er betrübt im Geist und zeugte und sprach: »Wahrlich, wahrlich, ich sage euch: Einer unter euch wird mich verraten!« Da sahen sich die Jünger untereinander an, und ward ihnen bange, von welchem er redete. Und sie wurden sehr betrübt und hoben an, ein jeglicher unter ihnen, und sagten zu ihm: »Herr, bin ich's?« und der andere: »Bin ich's?« Er antwortete und sprach: »Einer aus den Zwölfen, der mit mir in die Schüssel taucht. Zwar des Menschen Sohn geht hin, wie es beschlossen ist und wie von ihm geschrieben steht; doch wehe dem Menschen, durch welchen des Menschen Sohn verraten wird! Es wäre demselben Menschen besser, daß er nie geboren wäre.« Es war aber einer unter seinen Jüngern, der zu Tische saß an der Brust Jesu, welchen Jesus lieb hatte; dem winkte Simon Petrus, daß er forschen sollte, wer es wäre, von dem er sagte. Derselbe lag an der Brust Jesu und sprach zu ihm: »Herr, wer ist's?« Jesus antwortete: »Der ist's, dem ich den Bissen eintauche und gebe.« Und er tauchte den Bissen ein und gab ihn Judas, Simons Sohn, dem Ischarioth. Da antwortete Judas, der ihn verriet, und sprach: »Bin ich's, Rabbi?« Er sprach zu ihm: »Du sagst es.« Und nach dem Bissen fuhr der Satan in ihn. Da sprach Jesus zu ihm: »Was du tust, das tue bald.« Das aber wußte niemand am Tische, wozu er's ihm sagte. Etliche meinten, dieweil Judas den Beutel hatte, Jesus spräche zu ihm: Kaufe, was uns not ist auf das Fest; oder, daß er den Armen etwas gebe. Da er nun den Bissen genommen hatte, ging er alsbald hinaus. Und es war Nacht.

Unser gesungenes Lied: »Ein Lämmlein geht usw.« enthält ein Gespräch des Sohns mit dem Vater, daß er die Erlösung der Welt auf sich nehmen wolle. Ebendas ist in des Petrus Galatinus Auszug aus jüdischen Urkunden schön, ja noch schöner als in diesem Liede vorgestellt. Welch eine große Sache ist es demnach, wenn man das Leiden Christi nach dem Verstand der Wahrheit einsehen lernt! Aber zu beklagen ist, daß die meisten ein geradeso erstarrtes Herz haben wie die Jünger (Mark. 8,17). Darum stelle ich vor, wie die Leidensgeschichte von den wenigsten nach dem Geist verstanden werde.

Die vielen Zufälle des Leidens Jesu — daß ihn Hannas mit Strikken band, daß ihm über seiner Verantwortung ein Backenstreich gegeben, daß falsches Zeugnis gegen ihn aufgestellt und er der Gotteslästerung beschuldigt wurde, als er sagte, er werde in den Wolken herabkommen, daß er (nach Luk. 22,63) als Prophet verspottet, verdeckt, ins Angesicht geschlagen, gelästert, vor Pilatus geführt und zu Herodes gebracht wurde, der ihn verhöhnte und ihm ein Purpurkleid anlegte, so daß Pilatus zwei bewegliche Reden aussprach: »Sehet, welch ein Mensch!« und »Sehet, euer König!«, wobei seine Dornenkrone, seine aufgelaufenen Augen, sein verschwollenes Gesicht, seine Totenfarbe, seine Ermüdung, weshalb ihm Simon sein Kreuz tragen mußte, jedermann in die Augen fielen, daß er ferner zwischen Übeltätern gekreuzigt, an Händen und Füßen angenagelt, am Kreuz aufs neue verspottet, selbst von Gott verlassen und mit Essig getränkt wurde, bis er endlich alles vollbracht hatte —, diese Zufälle, sage ich, sind alle sehr wichtig, und in jener Welt wird man erst sehen, wie dies alles nicht nur zum Heil des Menschen, sondern der ganzen Schöpfung geschehen ist, um sie aus dem Fall wieder in die Harmonie zu stellen und die Strafen und die Gerichte abzuwenden, die die Heiligkeit und Reinigkeit Gottes erfordert hat. Dies kann jeden Menschen über seine Schuld und die Strafe, die er verdient hat, in Staub und Asche legen. Dies alles, nach dem geistlichen Verstand betrachtet, bringt großen Nutzen zur Demut und Sanftmut im Leiden. Die Hauptsache aber, die eine Seele völlig beruhigt, ist nach den Briefen an die Römer und an die Hebräer diese: Wenn wir alles zusammenfassen und daran denken, wie Gott Jesus bei seinem Tod und seiner Auferstehung als den Gnadenthron darstellt, daß wir durch Glauben und Erkenntnis ihn in seinem kostbaren Blut ansehen und die Erfüllung des Wortes Jesu: »Brechet diesen Tempel usw.« (Joh. 2,19), zu Herzen ziehen. Dies ist der Blick des Geistes; dies gibt wahren Frieden.

Nun ist zu bemerken, daß die Jünger Jesu erst nach der Auferstehung bedacht haben und durch den Heiligen Geist erst da angeleitet worden sind, die völlige Einsicht in das Geheimnis der Gottseligkeit nach allem Reichtum des Verstands zu erreichen, daß aber dennoch Gnade und Friede in einem Herzen wohnen kann, wenn man schon dies anfangs nicht erkennt. Jesus hat den Anfängern oder den Kleinen, den ersten Nachfolgern ihren Glauben für den ganzen

Sinn des Evangeliums gelten lassen. Er sagte: »Sei getrost, mein Sohn, sei getrost, meine Tochter, dein Glaube hat dir geholfen!« Aber ihre erste Liebe mußte standhaft bleiben. Paulus, Petrus usw. wußten lange nicht, was Johannes in der Offenbarung entdeckt hat, und doch waren sie in der Hauptsache des Evangeliums nach dem Maß ihrer Zeit völlig erleuchtet; sie sahen in Jesus alles, was im Alten Testament von dem Gnadenthron und von der ersten Hütte des Stifts aufgezeichnet war. Hiezu hat ihnen der Geist Jesu die Augen aufgetan. Und nun hätten wir Vorrats genug, aus den Evangelisten, aus der Apostelgeschichte, aus den Briefen des Paulus und der Apostel, aus der Heiligen Offenbarung den Herrn Jesus nach dem erhabenen Sinn des Verstandes, der Geist ist, zu beschauen. Er ist der Tempel Gottes (Offb. 21,22); darum hat er gesagt: »Brechet den Tempel meines Leibes! Am dritten Tag will ich ihn wieder aufrichten.« Das war für die Schriftgelehrten ohne Geist eine unverständliche Rede; aber nach der Aussicht Jesu in alle Weite der Ewigkeiten redete er, wie es sich für den Sohn Gottes gehört. Wer dies ein wenig versteht – wenn er auch der Kleinste wäre im Reich Gottes –, der ist doch größer und seliger, als Johannes der Täufer damals gewesen ist. Die ganze Sache, den ganzen Tempel, in dem die Fülle Gottes leibhaftig wohnt, wird der große Hohepriester und Pfleger der vollkommensten Hütte erst nach und nach in seinen eigenen Zeiten völlig erklären. Jetzt reden wir davon als Kinder mit aller Sanftmut, und daher müssen wir alle, die Liebe zu Jesus haben, bei allen Fehlern in der Einsicht nach der Billigkeit beurteilen. Darum sagt Paulus (Phil. 4,5): »Eure Nachsicht, eure Billigkeit im Urteilen soll allen Menschen an euch kund und offenbar werden.« Wer Geist und Verstand hat, der urteilt in allen Dingen zuerst gelind, nach der guten Seite, und damit gewöhnt er sich daran, nicht nur den Leidenssinn Jesu in der Passionsgeschichte, sondern auch alles, was von Leiden über die Glieder des Tempels Jesu ergeht (womit sie erstatten, was noch mangelt an Trübsalen an seinem Leib, der Gemeine), zu beurteilen, wie es nach dem Geist sein soll; denn in einem solchen Urteil besteht das Bild Gottes, ja der ganze neue Mensch. Damit die einfachen Leute Jesu Leidensgeschichte besser nach dem Geist erkennen lernen, stelle ich euch demnach vor Augen, *daß man die Leidensgeschichte Jesu ebenso wie die Jünger Jesu nicht sogleich nach dem Geistesverstand vernehme:*

1. *Warum im Anfang der Bekehrung nur wenige das Leiden Jesu nach dem Geist verstehen,* 2. *wie es dann anzugreifen sei, daß man das Leiden Jesu nach der Aussicht des Geistes verstehe.*

O Jesu, du kennst die Deinen, die dich im Innersten lieb haben. Sie haben nicht alle den geistlichen Verstand; dennoch lehrst du sie täglich, und wenn nur jemand Gott und Jesus liebt, der ist von dir erkannt. Amen.

1. Die Sache ist an sich selbst klar und bedarf keiner Erklärung, warum wir anfangs ebensowenig wie die Jünger das Leiden Jesu nach dem Geist verstehen können. Die Jünger Jesu hatten selige Augen und Ohren, daß sie den Gesalbten Gottes in Person sahen; aber sie verstanden nichts vom Leiden Jesu. Von dem Königreich Jesu glaubten sie aus den Propheten sehr vieles, wie dies auch der mitgekreuzigte Mörder glaubte; aber dieser Schächer kam erst am Kreuz hangend dahin, daß er sich von Gott lenken ließ zu glauben, das Leiden Jesu müsse den Plan vollenden, daß er in Kraft seines Leidens sein Königreich einnehme. Man liest von den Jüngern in der ganzen Passionsgeschichte, wie es im menschlichen Herzen durcheinandergeht. Der Heiland sagt in unserem heutigen Passionstext: »Ihr wisset, daß nach zwei Tagen Ostern wird.« Allein weder vorher (Matth. 16,22) noch nachher vernehmen sie es; sie blieben halt auf ihren vorgefaßten Meinungen. O wie viel kostet es auch die Frömmsten, einen einzigen festgestellten Gedanken umzukehren! Gott tut es durch seine Schickungen. Menschliche Beredungen treffen selten zu.

Jesus redete von seinem Leiden ohne große Bewegung, nicht wie Jeremia sagt (Kap. 4,19): »Mein Herz pocht mir in meinem Leibe.« Hesekiel schlug seine Hände zusammen (Kap. 6,11); Jesus hingegen redete von den größten Dingen ganz sanft, ohne erkennbare Gemütsbewegung. Die Jünger wurden es so gewohnt, und daher nahmen sie vieles nicht zu Herzen, so daß Jesus über ihrem unachtsamen Wesen ausbrach: »Wie lang muß ich mich mit euch leiden? Ihr denkt weder an dies noch an das, was vorhergegangen ist.« Daher merkten sie auch zwei Tage vorher noch nicht auf das Wort: »Des Menschen Sohn wird überantwortet werden, daß er gekreuzigt werde.«

Zu Bethanien, im Hause Simons, als die Maria eine Flasche von Alabaster zerbrach und über Jesus ausgoß an dem Ort, wo Lazarus von den Toten erweckt worden war, da ließen sich die Jünger von

Judas Ischarioth verführen, daß sie gleichsam Jesus selbst bestraften: »Was soll diese Torheit, diese Vergeudung?« Gewiß, man kann sich nicht genug verwundern über diesen Leichtsinn der Jünger. Maria, der Schwester Marthas, muß es sehr weh getan haben, daß die Jünger so unhöflich waren. Satan stiftete dies so an, um Jesus und das Weib zu bekümmern. Die Hand Gottes überging dies, und Jesus ließ die Jünger ohne großen Verweis zu sich selbst kommen. Er sandte Petrus und Johannes aus, das Osterlamm zu bereiten. Das taten sie willig. Allein, sie wurden im Geist nicht viel weiser, ob sie schon das Osterlamm aßen und den Leib und das Blut Christi genossen. Auch wurden sie nicht viel weiser, als Jesus den Verräter bezeichnet hatte. O wie sanftmütig handelte er mit Judas! Er ließ es ihn nicht entgelten, daß er gesagt hatte: »Was soll diese Torheit?« Nein, anstatt es ihm heftig zu verweisen, betrübte er sich vielmehr und machte ihn nicht öffentlich zuschanden. Er sagte nicht: »Du bist der Verräter«, sondern: »Du hast es gesagt.« Liebe Kinder, lernet Sanftmut! Jesus hielt mit Judas das Passah. Wenn du zum Tisch des Herrn gehst, so wundere dich nicht, wenn auch dir allerlei Irrungen und Nebenstörungen kommen! Es verliert sich von selbst.

Die Jünger sangen den Lobgesang, allein auch dies nicht mit Verstand, sondern mit zerstreuten Herzen. Jesus ging hin, sein Leiden anzutreten. Der Überwinder, der gesagt hatte: »Nun ist des Menschen Sohn verklärt«, ging hin, sich überwinden zu lassen und eben dadurch zu siegen. Damit er uns los mache, läßt er sich binden; damit er uns erlöse, läßt er sich fangen. Aber von alledem verstanden sie nichts; ihr Geist war zerstreut. Als er über den mit Unreinigkeiten angefüllten Bach Kidron ging, sagte er zu ihnen, sie werden sich alle an ihm stoßen, entsetzen und ihre Schwäche erfahren; denn man muß vorher seine Ohnmacht erfahren, ehe man stark wird. Er nahm die Seinen mit sich, Zeugen seiner Angst zu sein, da sie zuvor auf dem Berg Zeugen seiner Herrlichkeit gewesen waren. Vorher sahen sie Wunder und taten selber Wunder; jetzt mußten sie, so herzhaft sie sich machten, mit ihm zu sterben, erfahren, daß sie keine Stärke des Geistes hatten, sondern daß sie vor Traurigkeit schlummerten. Er tröstete sie, wenn er dann vom Tod auferstanden sei, werden sie ihn in Galiläa lebend sehen, und da sollen sie vor Freuden auch leben und getröstet werden.

Seht, ihr Lieben, wie es im menschlichen Herzen hergeht! Die Welt kann sich mit Tugendschein polieren; aber die Anfechtung nimmt alles weg. Die Welt kehrt ihr Inneres mit Besen aus; aber es hilft nichts: Es kommen Geister der Finsternis über sie. Jesus ließ seine Jünger nicht; da alles in ihnen erloschen schien, bat er für sie, daß doch ihr Glaube nicht aufhöre. Es kommen auch wieder Stunden der Erquickung. Jesus sprach bei alledem: »Ich bin in ihnen verklärt.« Der Fürst der Welt hatte nichts an ihnen. Sie wurden doch von Jesus geschätzt, daß sie in seiner Anfechtung beharrt hatten, so Nacht und dunkel es auch bei ihnen wurde. Seht demnach, wie es Anfängern geht, die Glauben haben, aber noch nicht bewährt sind! Der Geist Jesu ist dennoch in ihnen, wenn sie auch noch so sehr gesichtet werden. Und dieser Glaube wird wie Gold im Feuer bewährt.

2. Nun laßt uns auch etwas weniges davon hören, *wie es anzugreifen sei, daß wir das Leiden und den Tod Jesu nach der Aussicht des Geistes verstehen!*

Liebe Zuhörer, nichts ist schwerer, als zu sagen, wie du es angreifen sollst, Geist der Stärke zu bekommen, wenn du noch keinen Geist hast. Niemals kann man sagen, daß ein Liebhaber Jesu, so schwach er ist, keinen Geist habe. Er hat Geist; aber er ist gehemmt. Die Begierde zu Jesus ist schon Geist; aber du weißt nicht, wie es zugeht, daß du mehr Geist bekommest. Es kann dir niemand so leicht sagen, wie es anzugreifen ist. Ja wohl, werde gehorsam dem heiligen Vorbild der Lehre, dem Wort, das man von Anfang hört! Aber durch gesuchte Verbindung der Gedanken findest du es nicht. Gehe hin in den Garten mit Jesus! Zuerst erinnere dich der innersten Befleckungen des Petrus, die er nimmer von sich geglaubt hätte! Laß dir sie Gott offenbaren! So gut es Petrus mit dem Heiland gemeint hat, so war doch verborgen und unerkannt Einbildung in ihm. Jesus sprach: »Du wirst mich dreimal verleugnen.« Er sagte: »Nimmermehr! Nicht dreimal, ja, nicht einmal«, so daß auch alle Jünger verleitet wurden, so zu sagen. Willst du bald Geisteskräfte bekommen, so halte dich für deinen größten Feind! Denke, du habest, selbst wo du am unschuldigsten zu sein glaubst, den falschen Propheten und den Pharisäer in dir, so lang und so viel, bis du allen Reichtum der völligen Wahrheit vom Geheimnis Gottes und Christi in dir findest! Außer diesem glaube von dir selbst, was du an Petrus tadeln mußt, nämlich Unglauben, Widerspruch gegen Jesu Worte, Vermessenheit auf die eigene Kraft, Halsstarrigkeit, da es Jesus mit einem »Wahrlich« bekräftigte und er gleichwohl darauf blieb und auch alle Jünger in dieses Widersprechen mit hineinzog! Willst du Geist bekommen, so widersprich dir selbst in deinen innersten Bewegungen, die du entweder von deinen Eltern geerbt oder dir sonst zugezogen hast!

Zweitens, sieh deinen Heiland in dem Ringen vor Gott recht mit brennender Liebe an, und bete mit ihm! Merke auf Jesu Worte, setze dich an einen Ort besonders, und siehe zu, wie er hingeht und betet! Er ging vorher oft in den Garten zu beten, und du behilfst dich mit stillen Seufzern. So kannst du aber das nicht aushalten, was Jesus vor Gott übernommen hat; doch können dich die Engel stärken, wie sie schon oft getan haben. Du kannst etliche Vertraute zu dir nehmen, wie Jesus den Petrus, den Jakobus und den Johannes zu sich genommen hat, die seine Herrlichkeit besonders auf dem Berg gesehen hatten. Er ging in tiefer Nacht weiter in den Garten hinein und ließ die acht Apostel zurück; nur die drei ersten sollten zusehen und mit ihm beten. Er fing an zu zittern und zu sagen: »Meine Seele ist betrübt bis in den Tod«, und klagte den drei Jüngern seine Not. Als er nach dem 69. Psalm fürchtete, das Loch der Grube möchte über ihm zusammenfallen, war seine Seele voll Furcht und Ohnmacht. Er bat sie, zu bleiben und mit ihm zu wachen. Da ging erst der Kampf mit dem Zorn Gottes an. Er ging ein wenig von ihnen, fiel auf sein Angesicht und sprach: »Ist's möglich, o Vater, so überhebe mich dieses Kelchs des Zorns!« (Jer. 25,15) Er sprach zu Petrus: »Könnet ihr nicht eine Stunde mit mir wachen? Wachet und betet!« Er ging zum andern und dritten Mal hin und betete ebendieselben Worte, nämlich daß die Strafen der Sünden, die auf ihm lagen, gehoben sein möchten; die Jünger aber waren nicht imstand, mit ihm zu wachen, obwohl sie seine Worte: »Abba, Vater usw.« hörten. Da unterwarf sich Jesus dann gänzlich dem Willen des Vaters und gab seinen Willen darein, alles vollends zu leiden, was über ihn beschlossen war.

O liebe Seelen, hievon habe ich auch etwas erfahren. Bald hätte ich mir in Ebersdorf das Leben genommen, als ich mich dem Grafen Zinzendorf widersetzte. Nun geht das Leiden zwar nicht über alle Jünger, doch gibt es immer etliche, die zu mehr Geistesgaben erhoben werden sollen. Diese müssen dergleichen etwas innewerden, die endlich in alles willigen, was Gott über sie beschließt.

Seht, das ist der Weg, reich am Geist zu werden und sodann den Reichtum der Erkenntnis, der in Jesus verborgen liegt, von Tag zu

Tag unter Leiden und Abwechslung des Trostes zu finden! Wie es weiter anzugreifen sei, das kann nicht gesagt werden. Das Wort Gottes muß als ein Schwert durch deine Seele dringen. Alle Worte Gottes müssen zu Geist in dir werden; alle Rechte Gottes müssen vor deinen Augen stehen. Und das geht nicht zu in Gesichten, sondern nach Art der Sprüche Salomos, wovon ich anderswo genug geschrieben habe. Es geht ganz ordentlich und gemein (alltäglich) zu. Werde nur nicht müde! Raffe dich auf vom Schlaf; denn du wirst oft müde! Der Geist ist willig, das Fleisch ist schwach. Bete! Jesus wird dich schon in seinen eigenen Stunden zum Gebet erwecken. Und dies ist der Weg, den du nach Psalmenart gehen mußt, von dem Bach auf dem Weg zu trinken (Ps. 110,7), daß du hernach fröhlich dein Haupt aufhebest.

Zusammenfassung: Die alten Juden wußten schon von Leiden, die der Messias übernehmen mußte. Wir Christen sollten's mehr nach dem Geist verstehen. Die vielerlei Vorgänge des Leidens Jesu werden in jener Welt erkannt werden; doch geben sie jedem jetzt schon viel Trost und Antrieb zur Demut, besonders durch den Blick des Geistes auf Jesus im Gnadenthron. Wenn man es schon nicht gleich erkennt, so ergibt es doch den Anfangsglauben. Die Jünger Jesu lernten nach und nach. Wir haben Vorrat genug, Jesus als den wahren Tempel im Geist zu sehen. Dort wird erst geschaut, was wir hier geglaubt haben. Über Schwache müssen wir nach Billigkeit urteilen. *Daß man die Leidensgeschichte Jesu gerade wie die Jünger Jesu nicht nach dem Geistesverstand vernehme. 1. Warum im Anfang der Bekehrung wenige das Leiden Jesu nach dem Geist verstehen. 2. Wie es denn anzugreifen sei, daß man das Leiden Jesu nach der Aussicht des Geistes verstehe.* 1. Die Jünger wußten anfangs wenig vom Leiden, mehr von dem Reich Jesu; und noch jetzt geht es schwer her. Es geht uns wie den Jüngern. Wir müssen wie Jesus bei Judas reine Sanftmut beweisen gegen die, die roh zum Tisch des Herrn gehen. Die Jünger waren sehr zerstreut; sie sangen den Lobgesang mehr aus Gewohnheit als aus Verstand. Ungeachtet der großen Unwissenheit der Jünger schätzte Jesus doch ihr Verborgenes wert. Der Geist Jesu ist in vielen Unwissenden, die Glauben haben. 2. Es ist schwer, zu lehren, wie man Geist bekomme. Erste Übungen: Werde gehorsam dem Vorbild der Lehre! Erinnere dich der ungewissen Vorsätze, und erkenne deine Schwachheit! Hasse deine eigene Seele, und lerne dich recht kennen! Weitere Übungen: Geh mit Jesus an einen besonderen Ort, und betrachte sein Ringen wegen deiner Sünden! Es kommt nicht über alle solch innerliches Leiden. Gott selbst wird dir die Geistesübungen in allerlei Nöten und Ängsten kundtun.

ZWEITE PASSIONSPREDIGT

Wir müssen vom Fleisch und Blut Jesu nach dem Geist essen und trinken, wenn wir das Leiden Jesu verstehen und das Gebet Jesu in uns verwandeln wollen

TEXT: Da aber Judas hinausgegangen war, spricht Jesus: »Nun ist des Menschen Sohn verklärt, und Gott ist verklärt in ihm. Ist Gott verklärt in ihm, so wird ihn Gott auch verklären in sich selbst, und wird ihn bald verklären.«

Da sie aber aßen, nahm Jesus das Brot, sagte Dank, brach's, gab's seinen Jüngern und sprach: »Nehmet hin und esset, das ist mein Leib, der für euch gegeben wird; das tut zu meinem Gedächtnis!« Desgleichen nach dem Abendmahl nahm er den Kelch, sagte Dank, gab ihnen den und sprach: »Trinket alle daraus, das ist mein Blut des neuen Testaments, das für euch und für viele vergossen wird zur Vergebung der Sünden; das tut, so oft ihr's trinket, zu meinem Gedächtnis!«

Und Jesus sprach zu seinen Jüngern: »Liebe Kindlein, ich bin noch eine kleine Weile bei euch. Ihr werdet mich suchen; und, wie ich zu den Juden sagte: ›wo ich hingehe, da könnt ihr nicht hinkommen‹, sage ich jetzt auch euch. Ein neu Gebot gebe ich euch, daß ihr euch untereinander liebet, wie ich euch geliebet habe, auf daß auch ihr einander lieb habet. Dabei wird jedermann erkennen, daß ihr meine Jünger seid, so ihr Liebe untereinander habt.« Spricht Simon Petrus zu ihm: »Herr, wo gehst du hin?« Jesus antwortete ihm: »Wo ich hingehe, kannst du mir diesmal nicht folgen; aber du wirst mir nachmals folgen.« Petrus spricht zu ihm: »Herr, warum kann ich dir diesmal nicht folgen? Ich will mein Leben für dich lassen.« Jesus antwortete ihm: »Solltest du dein Leben für mich lassen? Simon, Simon, siehe, der Satanas hat euer begehrt, daß er euch möchte sichten wie den Weizen; ich aber habe für dich gebeten, daß dein Glaube nicht aufhöre. Und wenn du dermaleinst dich bekehrst, so stärke deine Brüder!«

Und Jesus sprach zu ihnen: »So oft ich euch ausgesandt habe ohne Beutel, ohne Tasche und ohne Schuhe, habt ihr auch je Mangel gehabt?« Sie sprachen: »Niemals!« Da sprach er zu ihnen: »Aber nun, wer einen Beutel hat, der nehme ihn, desgleichen auch die Tasche; wer aber nichts hat, verkaufe sein Kleid und kaufe ein Schwert. Denn ich sage euch: Es muß auch das noch vollendet werden an mir, was geschrieben steht: ›Er ist unter die Übeltäter gerechnet.‹ Denn was von mir geschrieben ist, das hat ein Ende.« Sie sprachen aber: »Herr, siehe, hier sind zwei Schwerter.« Er aber sprach zu ihnen: »Es ist genug.«

Und da sie den Lobgesang gesprochen und Jesus noch vieles (Joh. Kap. 14-17) zu ihnen geredet hatte, ging er hinaus über den Bach Kidron an den Ölberg nach seiner Gewohnheit. Es folgten ihm aber seine Jünger nach an den Ort. Da sprach Jesus zu ihnen: »Ihr werdet euch in dieser Nacht alle an mir ärgern; denn es steht geschrieben: ›Ich werde den Hirten schlagen, und die Schafe der Herde werden sich zerstreuen.‹ Wenn ich aber auferstehe, will ich vor euch hingehen nach Galiläa.« Petrus aber antwortete und sprach zu ihm: »Wenn sie auch alle sich an dir ärgerten, so will ich doch mich nimmermehr ärgern.« Und Jesus sprach zu ihm: »Wahrlich, ich sage dir: Heute in dieser Nacht, ehe der Hahn zweimal kräht, wirst du mich dreimal verleugnen.« Petrus aber redete noch weiter: »Ja, wenn ich mit dir auch sterben müßte, so will ich dich nicht verleugnen!« Desgleichen sagten auch alle Jünger.
Da kam Jesus mit ihnen zu einem Hof, der hieß Gethsemane; da war ein Garten, darein ging Jesus und seine Jünger. Judas aber, der ihn verriet, wußte den Ort auch; denn Jesus versammelte sich oft daselbst mit seinen Jüngern. Und als er dahin kam, sprach er zu ihnen: »Setzet euch hier, bis daß ich dorthin gehe und bete. Betet, auf daß ihr nicht in Anfechtung fallet!« Und er nahm zu sich Petrus und Jakobus und Johannes, die zwei Söhne des Zebedäus, und fing an zu trauern, zu zittern und zu zagen, und sprach zu ihnen: »Meine Seele ist betrübt bis an den Tod; bleibet hier und wachet mit mir!« Und ging hin ein wenig und riß sich von ihnen einen Steinwurf weit und kniete nieder, fiel nieder auf sein Angesicht und betete, daß, so es möglich wäre, die Stunde vorüberginge, und sprach: »Abba, mein Vater, es ist dir alles möglich; willst du, so nimm diesen Kelch von mir; doch nicht wie ich will, sondern wie du willst.«

Wenn der Mensch etwas mit Begierde liest, dann versteht er bald den Sinn, den viele Worte in sich haben; aber er bedenkt nicht, daß man diesen Sinn in sich selbst verwandelt und davon ißt und trinkt. Wer nun das Leiden Jesu mit Begierde des Lebens liest, der ißt wirklich vom Wort des Lebens. O wie vielerlei Sachen ißt einer da; wie viel kann er in sich verwandeln! Zwar spürt und schmeckt er nicht sogleich, daß er etwas in sein Wesen verwandelt hat, aber doch geschieht es. Laßt uns demnach vorstellen, *wie einer vom Leiden Jesu ißt, der den Sinn davon versteht.*

Ist es nicht eine höchst wunderbare Sache, daß sich die ersten Eltern, als sie vom Baum der Erkenntnis aßen, nackend sahen, was vorher nicht so gewesen war? Wir sehen gern nackende Kinder in ihrer Unschuld; aber wir mögen uns hüten, daß wir nackende Bilder nicht mit Lust ansehen, weil die Lust schnell ins Verbotene ausartet, daß wir die Menschen nackend sehen wollen. Jesus am Kreuz war nackend. Er hat unser verlorenes Kleid in der Auferstehung wiederhergestellt, es sei nun zurechnungs- oder wesentlicherweise. Mit seiner Unschuld müssen wir gewappnet sein; mit seinem Leidenssinn müssen wir der bösen Lust abgestorben sein, wenn wir entweder im Hohenlied oder im Leiden Jesu lesen. Unseren Augen müssen wir auferlegen und einen Bund machen, daß wir eitle Bilder, Brüste der Jungfrauen und dergleichen, mit großer Verwahrung ansehen oder gar die Augen abkehren, weil das Nackendsein vom Fall herkommt. Die Christus angehören, die haben ein für allemal gekreuzigt ihr Fleisch samt den Lüsten und Begierden (Gal. 5,24). Weil denn nun durch das Essen des verbotenen Baums die Unschuld und das Kleid der Herrlichkeit verloren worden sind, muß das Leiden Christi uns wieder dahin bringen, daß wir uns mit festem Entschluß als Mitgekreuzigte achten, wie es Paulus (Röm. 6,3—11) sogar von der Taufe an herleitet.

In unserem heutigen Abschnitt der Leidensgeschichte kommt der fünfte Leidensgang vor; das war am Donnerstag. Am Abend dieses Tags sprach Jesus, sobald Judas den Bissen gegessen hatte und hinausgegangen war: »Nun ist des Menschen Sohn verklärt.« Bald darauf kam der Bissen des Osterlamms, das ganz anders gegessen werden mußte, als Judas gegessen hatte; denn nach dem Bissen fuhr der Satan in ihn. Jesus hielt also in Jerusalem das Osterlamm und verhieß seinen Jüngern die neue Erfüllung im Reich Gottes. Die Fehler der Jünger, daß sie bei dem Osterlamm und beim Abendmahl gezankt hatten, hinderten die Sache nicht. Es ging ordentlich fort. Sie sangen in dem Saal den Lobgesang, der mit der Ostermahlzeit eine nahe Verbindung hatte, und Jesus verrichtete sein Gebet unter dem freien Himmel; auch machte das Ärgernis, das die Jünger an Jesus nahmen, und die Verleugnung des Petrus kein Hindernis. Es mußte durch dick und dünn hindurch. Jesus trat seinen innerlichen Leidenskampf im Hof Gethsemane an; er betete zum drittenmal. Er hatte Todesangst, daß der blutige Schweiß aus ihm drang, und die Jünger sollten, so matt sie waren, helfen beten, damit die Kraft des Gebets Jesu sie verwahre, daß sie in der Anfechtung nicht unterlägen. O liebe Zuhörer, hört die Leidensgeschichte nicht so kaltsinnig an nach dem Buchstaben! Esset, trinket, verwandelt es in euer Wesen durch Gebet und festen Entschluß, mit Jesus gestorben zu sein, wenn es auch noch so schwach hergeht! Vernehmt nun meine Vorstellung, *wie man vom Leiden Jesu ißt, wenn man den Sinn, mit Christus zu leiden, versteht. Vernehmt*

1. daß Essen und Verstehen einander sehr ähnlich, ja fast einerlei sei,

2. daß man zur Genesung von seinem Elend die Hauptsache vom Leiden Jesu wirklich essen und in sich verwandeln soll.

O Jesu, du hast wie Jakob im Vorbild mit Gott gekämpft. Ach gib, daß wir es tief in uns nehmen, damit wir im Tod keine Todesangst ausstehen müssen, sondern fröhlich sterben, ehe wir sterben. Amen.

1. *Essen und Verstehen sind sehr genau vereinigt;* aber Verstehen ist nicht nur ein spiegelhafter Blick der Gedanken, nicht nur ein erzwungener Schwung vieler Bilder, die Jesus Meteore nennt, wobei man sich Luftzeichen im Hirn erweckt in der Absicht, etwas Großes zu tun, sondern ein Empfinden und Schmecken des guten und süßen Sinnes der heiligen Worte, die sich von allen Worten der Menschen als Worte des Lebens unterscheiden, wie Petrus sagte: »Herr, du hast Worte des ewigen Lebens.« Dem zuwider ist auf allen hohen Schulen eine Seuche, die im Mittag verderbt. Diese besteht darin, daß man den Verstand von allem Essen, Schmecken, Fühlen abscheiden soll, so daß auch das Fleisch und Blut Christi ein bloßes Scheinwesen und kein greifliches, betastliches Wesen wäre. Dies stürzt den Grund der Sakramente zu Boden. Um dieser widerchristlichen Seuche zu begegnen, hat Jesus gleich anfangs das Essen des Osterlamms und des Abendmahls eingesetzt, dadurch anzuzeigen, daß man zum Verstand der Leiblichkeit der Geheimnisse Gottes nicht gelangen könne, man esse denn davon oder man verwandle es in sein Wesen. Essen ist nichts anderes, als in sein Wesen und Leben verwandeln; Verstehen ist nichts anderes, als die Wirkung und Gegenwirkung der gestalteten Vorstellungen innewerden. Darum haben die siebzig Dolmetscher »Empfindung« (das sinnliche Wahrnehmen) und »Verstand« (das geistige Erkennen) mit demselben Wort wiedergegeben: Empfindung war Verstand, und Verstand war Empfindung. So sollte es noch sein wie von Anbeginn; aber Jesus führt es alles zurück, obwohl sehr langsam, wie es von Anbeginn gewesen ist.

Nun ist es gewiß, daß die wenigsten Menschen den Reichtum der Erkenntnis im Geheimnis Gottes und Christi verstehen; weil aber Jesu Erlösung eine ewige Erlösung ist, läßt es der Herr dafür gelten, wenn man auch nur etwas von seiner heiligen Wahrheit faßt und in sich nimmt. Die empfundene und gegessene Wahrheit wird sich erst dort als das erweisen, was sie innerlich gewesen ist. Hier ist es für Laien genug, wenn sie die Vielheit des Reichtums Jesu in einem zusammenfallenden Gefühl erfahren und in einer Einheit vernehmen. Es ist *ein* Herr, *ein* Glaube, *eine* Taufe, *eine* Hoffnung. Wer dies vernimmt, dem läßt es der Herr gelten. Er hat es gegessen; er hat es in sich verwandelt; und daher hat er ewiges Leben in sich im Frieden Gottes, der allen Begriff übersteigt. Betrachte wohl, was die Lust und Freude an einer Sache ist! Warum sagt Salomo (Spr. 13, 12): »Wenn aber kommt, was man begehrt, das ist ein Baum des Lebens?« Da ißt man wie Mose, Aaron, Nadab, Abihu und die siebzig Ältesten; als sie die Gestalt Gottes wie einen Saphir gesehen hatten, »da aßen und tranken sie«. Leset, was ich in meinem Buch »Evangelische Ordnung zur Wiedergeburt«, S. 203 und 204, geschrieben habe. Lust ist, wenn ich eine schöne Sache sehe und das Bild davon in mich verwandle oder esse. Daher sagt Paulus: »Wir werden verwandelt in eben das Bild der Herrlichkeit des Herrn vom Herrn, der der Geist ist« (2.Kor. 3,18). Eine jede Lust ist eine Empfindung, eine jede Empfindung ist eine kleine Verwandlung in die gesehene, gehörte, geschmeckte, gefühlte Sache. Um dies besser zu erläutern, so bedenkt erstens, warum Jesus in Johannes 6 so viel vom Essen und Trinken seines Fleisches und Blutes geredet hat, zweitens, warum im Alten Testament das Manna gegessen werden mußte, drittens, warum allein die Priester von den Opfern essen durften! Denkt dieser Sache selber mit Lust nach, so werdet ihr essen und verstehen!

2. Ich eile nunmehr zum zweiten Punkt, *daß der Mensch zur Gesundmachung von seinem vielen Verderben das Leiden Jesu essen und in sich nehmen müsse.*

Wir finden in Matthäus 4 etwas Sonderbares vom Teufel. Er versuchte Jesus und hat von Gott die Erlaubnis bekommen, Gewalt über seine heilige Seele üben zu dürfen. Die Leidensgeschichte können wir nicht in uns nehmen, wenn wir nicht dazuziehen, wie der Teufel, der Jesus anfänglich versucht hat, ihn am Ende noch viel heftiger bestürmte, und zwar durch Werkzeuge, nämlich durch Judas Ischarioth, durch die Hohenpriester, durch Soldaten, durch Herodes und Pilatus. Ohne diese hätte der Teufel nichts ausrichten können. Sembek, ein Konsistorialrat in Lindau, sagt sehr frei, Jesus sitze jetzt als König in göttlicher Allmacht auf dem königlichen Thron des verstoßenen Luzifer; und weil er den Satan herabgestürzt habe, deshalb werde er von diesem verfolgt. Das ist eine kühne Aussage. Ich lasse es dahingestellt sein; doch ist gewiß, daß das Leiden Jesu nicht nur die Menschen, sondern auch den Teufel angeht, ihn auszustoßen, und zwar stufenweise. Mit dem Leiden Jesu fing das Gericht an: »Jetzt geht das Gericht über die Welt; jetzt wird der Fürst dieser Welt ausgestoßen werden« (Joh. 12,31). Seht, liebe Zuhörer, das sind ungewohnte, aber keine unbegreiflichen Sachen. Sie gehören zum Essen des Leidens Jesu; ohne dies ißt man nicht von der Mahlzeit. Man ißt nur eine Richte (einen Gang) und läßt die anderen stehen. Allein was hilft's, wenn man mit dem Leiden Jesu nur ins Sichtbare geht und das Unsichtbare überschielt, weil man nicht will? Ach Gott, ach Jesu, du Licht, hilf uns, daß uns Satan, der schnelle Geist in der Luft, nicht berücke, daß wir trotz allen gegebenen Grundes unsere Schoß- und Lieblingsmeinungen doch nicht ablegen wollen. Ich denke oft, wenn ich nicht beten will, wenn ich Ausflüchte suche: Es ist ein Geist in dir, der das Nichtwollen in dir wirkt. Ergreife aus dem Leiden Jesu, mitten in dem Schlummer der Jünger, das Wort: »Steht auf und betet!« (Luk. 22,46) Wirf dich nieder wie Jesus und bete; wehre dich gegen das Nichtwollen, das Satan in dich einflößt!

Siehe, mein Kind, auf diese Art issest du das Leiden Jesu! Hier spekulierst du nicht nur, hier gehst du mit Maria und Johannes unter das Kreuz; hier hältst du aus, wenn du schon viele Schwachheit begehst und oft zurück willst. Du kommst immer wieder; du gehst in den Garten beten, und hernach wird es dir ganz anders als vorher.

Schön und lieblich ist es in Ridders siebenerlei Gesichten des Leidens und Sterbens Jesu zu lesen. Lies oft darin; aber du mußt in dem Geleise bleiben, das dir der Geist Jesu unter deinen Vorfallenheiten und Anfechtungen anweist; denn vieles Lesen außer diesem Geleise macht es nicht, daß du von dem Leiden Jesu das Mark in dich nimmst.

Du erfährst täglich und stündlich zweierlei Willen in dir: erstens den Willen des Fleisches, die angeborenen Neigungen, die Gewohnheiten, die dir die Wahrheit verdunkeln, zweitens den Willen des Geistes Jesu. Da gibt es harte Stöße. Oft schläfst du vor Verlegenheit ein; doch stehst du auch wieder auf. Jesus betet für dich, daß dein Glaube nicht aufhöre. Du wirst erweckt, dich abzukehren von den weltlichen Geschäften; da ißt du von dem Leiden Jesu. O große Dinge! Dem Teufel ist zugelassen worden, in der heiligen Seele Jesu die Vorstellungen von allen Reichen der Welt zu erwecken. Hüte dich, daß Satan dich nicht mit süßen Vorstellungen himmlischer Dinge äffe! Gehe lieber hin in Gehorsam und Geduld, wie Jesus dem Hausherrn sagen ließ (Luk. 22,11)! Die Jünger machten oft Einwendens, besonders bei der Maria und ihrem Nardenwasser, aber hier nicht. Sie fanden es also, wie es Jesus gesagt hatte; und ebenso gingen sie nach dem Lobgesang mit Christus auch an den Ölberg. Ob Judas von seinem Vorsatz, Jesus zu verraten, wieder zurückgekommen ist, weiß man nicht gewiß. Wunderbar ist, daß Judas wenigstens dabeigewesen ist, als Jesus sprach: »Ich bin's«, und daß es Judas nicht damals schon gereut hat; aber es war die Macht der Finsternis über allen. Und wie bald können auch wir in alle Schande und Laster geraten, wenn die Macht der Finsternis uns unsere gewohnten Beredungen bestätigt, daß wir unsern Leib brennen lassen! O gewiß, das schöne zusammentreffende Passionslesen und Predigthören macht es nicht aus! Du mußt mit Jesus an den Ölberg; du mußt deine Seele hassen, wo es dir am sauersten geschieht. Du mußt deine Lieblingsmeinungen aufgeben. Du mußt sie als Götzen ausstoßen (Hes. 14); dann ißt du das Leiden Jesu, dann versiegelt Gott die heiligen Eindrücke. Siehe, so wirst du von vielem Verderben los, wenn du deine Lieblingsmeinungen entdeckst, wenn dir wie den Jüngern von Emmaus nach dem Essen des Leidens Jesu die Augen geöffnet werden! Gewiß, du siehst vieles in der Heiligen Schrift ganz anders an als vorher. Was wirst du sehen, wenn dich etwas sauer ankommt, wenn du mit David ganz hinabgeworfen wirst in die Finsternis und Melancholie und der Geist dir zuspricht: »Sei nun zufrieden meine Seele!« Da ist das Leiden Jesu am Ölberg dein Trost. Du hast vieles aus Ehrgeiz getan, aus Nebenabsichten; aber im Leiden Jesu wird alles aufgeopfert und abgetan. »Ihr seid's, die ihr beharret habt in meinen Anfechtungen«. Oft wird dir dergleichen zugesprochen. Da ißt du von dem Leiden Jesu; das ist mehr als alle Mahlzeit mit den besten Brüdern, die so viel Feinheit und Zurückhaltung an sich haben und dir nie ganz trauen. O große Dinge in dem Leiden Jesu, wenn man ins Unsichtbare sich erhebt! Zu einer Zeit wird dir gegeben, zu erkennen, daß Jesus alles in seinem Leiden erfahren mußte, was der Teufel für Befleckungen ins Wesen der Dinge und auch in dich selbst eingeführt hat. Da ißt du; da erfährst du, was Jeremia sagt: »Wenn dein Wort gefunden wird, so esse ich«. Zu einer andern Zeit wirst du an dir selbst inne, wie Jesus gebeten hat, daß sein Leidenskelch vorübergehen möchte. Du wirst gedemütigt über deinen voreiligen Vorsätzen, wie sie auch Petrus hatte: »Und wenn ich auch mit dir sterben sollte, will ich dich nicht verleugnen«. Da ißt du von dem Wort Jesu: »Nicht wie ich will, sondern wie du willst«. Ein andermal, wenn dir recht angst wird, daß der Schweiß dir zu den Füßen ausfährt, wird dir Jesu blutiger Schweiß zur Bewunderung und Zurechnung. Da erfährst du etwas von dem Wort Offenbarung 10,10. O wie groß werden dir die Worte des Lebens, wenn du ißt und trinkst in allem, was du liest! Nun, liebe Zuhörer, steht auf, geht Jesus nach und erfahret, was ich gesagt habe!

Zusammenfassung: Das Leiden Jesu muß man mit Begierde in sich selbst verwandeln. Das Essen vom Baum entblößte den Adam vom Lichtskleid. Jesus am Kreuz war nackend. Er erwarb uns wieder das Kleid der Auferstehung. Durch Essen des verbotenen Baums haben wir unser Kleid verloren; durch das Essen des Leidens Jesu aber werden wir wieder der Herrlichkeit teilhaft im Verborgenen. Das Essen des Osterlamms treibt den Satan aus. Wenn es auch noch so schwach hergeht wie bei den Jüngern, so lernt darnach das Leiden Jesu verstehen! *Wie man vom Leiden Jesu ißt, wenn man den Sinn, mit Christus zu leiden, versteht: 1. Daß Essen und Verstehen einander sehr ähnlich, ja fast einerlei sei, 2. daß man zur Genesung von seinem Elend die Hauptsache vom Leiden Jesu wirklich essen und in sich verwandeln soll.* 1. Verstehen ist nicht ohne Empfinden. Empfinden und Schmecken wie Petrus, bringt Verstand. Anfangs war Verstehen und Empfinden *ein* Ding; nun muß es durchs Leiden Jesu wieder so werden. Zwar ist das Gefühl weit über das grobe Spüren. Man muß in die Einheit gesammelt sein. Die Lust, wenn sie erfüllt wird, verwandelt uns in das, was man genießt. 2. Zur Leidensgeschichte gehört auch, daß Satan die erste Versuchung durch die Hohenpriester, durch Pilatus und Herodes, fortgesetzt hat. Durch Jesu Leiden wird Satan nach und nach ausgestoßen. Dies muß auch noch dazu kommen, wenn man vom Leiden Jesu verstehen und essen will. Aus dem Unsichtbaren ficht uns Satan an, daß wir nicht beten; diesem muß man widerstehen. Unter diesem Widerstand ißt du das Leiden Jesu. Lesen ist nicht genug. Man muß die zweierlei Willen bestreiten. Jesus wird vom Satan in der Seele angegriffen. Wir werden auch versucht. Dringe in dein Herz und forsche seine Lieblingsmeinungen und Entschuldigungen aus! Dann erfährst du die Kraft der Leiden Jesu auf die eine oder die andere Art.

Jesus opferte sich im Garten dem Gericht Gottes über die Sünde auf, fühlte alles, was der Heiligkeit zuwider war, wollte es über dem Gefühl abbitten, übergab sich aber mit Freudigkeit allem Willen Gottes

TEXT: Und alsbald, da Jesus noch redete, siehe, da kam Judas, der Zwölfe einer, welcher zu sich genommen hatte die Schar und der Hohenpriester und Pharisäer Diener mit Fackeln und Lampen, mit Schwertern und mit Stangen, und ging vor ihnen her. Wie nun Jesus wußte alles, was ihm begegnen sollte, ging er hinaus und sprach zu ihnen: »Wen suchet ihr?« Sie antworteten ihm: »Jesum von Nazareth.« Jesus spricht zu ihnen: »Ich bin's.« Judas aber, der ihn verriet, stand auch bei ihnen. Als nun Jesus zu ihnen sprach: »Ich bin's«, wichen sie zurück und fielen zu Boden. Da fragte er sie abermals: »Wen suchet ihr?« Sie aber sprachen: »Jesum von Nazareth.« Jesus antwortete: »Ich habe es euch gesagt, daß ich es sei. Suchet ihr denn mich, so lasset diese gehen!« Auf daß das Wort erfüllet würde, welches er sagte: »Ich habe der keinen verloren, die du mir gegeben hast.« Der Verräter aber hatte ihnen ein Zeichen gegeben und gesagt: »Welchen ich küssen werde, der ist's; den greift und führt ihn sicher!« Und alsbald trat er zu Jesus und sprach: »Gegrüßet seist du, Rabbi, Rabbi!« und küßte ihn. Jesus aber sprach zu ihm: »Mein Freund, warum bist du gekommen? Judas, verrätst du des Menschen Sohn mit einem Kuß?«

Da traten sie hinzu und legten die Hände an Jesum und griffen ihn. Da aber sahen, die um ihn waren, was da werden wollte, sprachen sie zu ihm: »Herr, sollen wir mit dem Schwert dreinschlagen?« Und einer aus ihnen, Simon Petrus, hatte ein Schwert und zog es aus und schlug nach des Hohenpriesters Knecht und hieb ihm sein rechtes Ohr ab. Und der Knecht hieß Malchus. Jesus aber antwortete und sprach: »Lasset sie doch so machen!« Und er rührte sein Ohr an und heilte ihn. Und zu Petrus sprach er: »Stecke dein Schwert in die Scheide; denn wer das Schwert nimmt, der soll durchs Schwert umkommen. Soll ich den Kelch nicht trinken, den mir mein Vater gegeben hat? Oder meinst du, daß ich nicht könnte meinen Vater bitten, daß er mir zuschickte mehr denn zwölf Legionen Engel? Wie würde aber die Schrift erfüllt? Es muß also gehen.«

Zu der Stunde sprach Jesus zu denen, die über ihn gekommen waren: »Ihr seid ausgegangen wie zu einem Mörder, mit Schwertern und mit Stangen, mich zu fangen. Bin ich doch täglich gesessen bei euch und habe

gelehrt im Tempel, und ihr habt mich nicht gegriffen und keine Hand an mich gelegt. Aber dies ist eure Stunde und die Macht der Finsternis. Dies ist alles geschehen, daß erfüllet würden die Schriften der Propheten.« Da verließen ihn alle Jünger und flohen.
Die Schar aber und der Oberhauptmann und die Diener der Juden nahmen Jesum und banden ihn und führten ihn aufs erste zu Hannas; der war Kaiphas' Schwiegervater, welcher des Jahrs Hoherpriester war. Es war aber Kaiphas, der den Juden riet, es wäre gut, daß *ein* Mensch würde umgebracht für das Volk. Aber der Hohepriester fragte Jesum um seine Jünger und um seine Lehre. Jesus antwortete ihm: »Ich habe frei öffentlich geredet vor der Welt; ich habe allezeit gelehrt in der Schule und in dem Tempel, da alle Juden zusammenkommen, und habe nichts im Verborgenen geredet. Was fragst du mich darum? Frage die darum, die gehört haben, was ich zu ihnen geredet habe; siehe, diese wissen, was ich gesagt habe.« Als er aber solches redete, gab der Diener einer, die dabei standen, Jesus einen Backenstreich und sprach: »Sollst du dem Hohenpriester also antworten?« Jesus antwortete: »Habe ich übel geredet, so beweise es, daß es böse sei; habe ich aber recht geredet, was schlägst du mich?«
Und Hannas sandte Jesum gebunden zu dem Hohenpriester Kaiphas, dahin zusammengekommen waren alle Hohenpriester und Ältesten und Schriftgelehrten. Die Hohenpriester aber und Ältesten und der ganze Rat suchten falsch Zeugnis wider Jesum, auf daß sie ihn zum Tode brächten, und fanden keins. Und wiewohl viel falsche Zeugen herzutraten, fanden sie doch keins; ihr Zeugnis stimmte nicht überein. Zuletzt traten herzu zwei falsche Zeugen und sprachen: »Wir haben gehört, daß er sagte: ›Ich will den Tempel, der mit Händen gemacht ist, abbrechen und in drei Tagen einen andern bauen, der nicht mit Händen gemacht ist‹.« Aber ihr Zeugnis stimmte noch nicht überein.
Da stand der Hohepriester auf, trat mitten unter sie und fragte Jesum und sprach: »Antwortest du nichts zu dem, was diese wider dich zeugen?« Aber Jesus schwieg still und antwortete nichts. Und die Ältesten des Volks, die Hohenpriester und Schriftgelehrten sprachen: »Bist du Christus? Sage es uns!« Er aber sprach zu ihnen: »Sage ich's euch, so glaubt ihr's nicht; frage ich aber, so antwortet ihr nicht und laßt mich doch nicht los.« Da fragte ihn der Hohepriester abermals und sprach zu ihm: »Ich beschwöre dich bei dem lebendigen Gott, daß du uns sagest, ob du seiest Christus, der Sohn Gottes, des Hochgelobten?« Jesus sprach zu ihm: »Du sagst es; denn ich bin's. Doch sage ich euch: Von nun an wird es geschehen, daß ihr sehen werdet des Menschen Sohn sitzen zur rechten Hand der Kraft Gottes und kommen in den Wolken des Himmels.« Da zerriß der Hohepriester seine Kleider und sprach: »Er hat Gott gelästert; was bedürfen wir weiteres Zeugnis? Siehe, jetzt habt ihr seine

Gotteslästerung gehört. Was dünkt euch?« Sie verdammten ihn alle und sprachen: »Er ist des Todes schuldig.«
Simon Petrus aber war Jesus nachgefolgt und ein anderer Jünger. Dieser Jünger war dem Hohenpriester bekannt und ging mit Jesus hinein in des Hohenpriesters Palast. Petrus aber stand draußen vor der Tür. Da ging der andere Jünger, der dem Hohenpriester bekannt war, hinaus und redete mit der Türhüterin und führte Petrus hinein. Und er ging hinein und setzte sich zu den Knechten, auf daß er sähe, wo es hinaus wollte. Da sprach die Magd, die Türhüterin, zu Petrus: »Bist du nicht auch dieses Menschen Jünger einer?« Er leugnete aber und sprach: »Ich bin's nicht, ich kenne ihn nicht, weiß auch nicht, was du sagst.« Und der Hahn krähte.
Da aber Simon Petrus bei ihnen stand und sich wärmte, sah ihn eine andere Magd und sprach zu denen, die da waren: »Dieser war auch mit dem Jesus von Nazareth.« Da sprachen sie zu ihm: »Bist du nicht seiner Jünger einer?« Und er leugnete abermals und schwur dazu: »Ich kenne den Menschen nicht.« Und über eine kleine Weile traten hinzu, die da standen, und sprachen zu Petrus: »Wahrlich, du bist auch einer von denen, ein Galiläer; denn deine Sprache verrät dich und lautet gleich also.« Spricht einer von des Hohenpriesters Knechten, ein Gefreundter des, dem Petrus das Ohr abgehauen hatte: »Sah ich dich nicht im Garten bei ihm?« Da verleugnete Petrus abermals, hob an, sich zu verfluchen und zu schwören, und sprach: »Ich kenne den Menschen nicht, von dem ihr sagt.« Und alsbald krähte der Hahn zum andernmal. Und der Herr wandte sich und sah Petrus an. Da dachte Petrus an die Worte Jesu, da er zu ihm sagte: »Ehe der Hahn zweimal kräht, wirst du mich dreimal verleugnen.« Und Petrus ging hinaus, hob an zu weinen und weinte bitterlich.

Die Hauptstücke unseres heutigen Abschnitts der Passionsgeschichte sind diese: Nachdem Jesus am Ölberg im Garten in seiner heiligen Seele alles erlitten hatte, was im Kampf Jakobs mit Esau vorgebildet worden ist, nachdem er in Gegenwart seiner drei Jünger den Kelch des Zorns Gottes zwar abgebeten, aber dennoch sich hierin dem Willen des himmlischen Abba unterworfen hatte, da ging er 1. seinem Verräter und der ganzen Schar entgegen, 2. bewies er mit dem Wort: »Ich bin's« seine Freiwilligkeit, die ihm im Garten bei dem Streit des Fleisches und des Geistes entschwunden war, und 3., nachdem er von dem Engel gestärkt worden war, bestrafte er freimütig die ganze Schar mit der heitersten Gemütsverfassung, ob er schon von der Schar ergriffen wurde. Er litt, daß ihn alle Jünger verließen, und doch kam Petrus zurück, wollte seinen Herrn mit dem Schwert losmachen; er verleugnete ihn jedoch mit Fluchen und Schwören. Dies sind die Hauptstücke. Alles läuft da hinaus, daß er sich im Gefühl seiner Seele dem Zorn Gottes aufgeopfert hat, damit er mit überwindender Freiwilligkeit alles vollendete, was zur Stillung der Rechte Gottes gehört hat.

Jesus hatte das allen Überwindern voraus, daß er alles wußte, was ihm begegnen sollte; und doch lag seine heilige Seele fast unter dem Zorn Gottes gegen das Böse darnieder. Wir können überwinden, weil er den Fürsten der Welt durch Übergabe in den Willen Gottes überwunden hat. Ein Engel stärkte ihn; und das ist etwas, was wir auch noch an den Märtyrern bemerken. Merkwürdig ist das Wort des Theodorus, den der Kaiser Julian als einen an einem Pfeiler aufgehängten Jüngling einen ganzen Tag lang geißeln ließ. Unter dieser Geißelung sang er mit größter Freude den 97. Psalm: »Die Himmel verkündigen seine Gerechtigkeit. Zion hört es und ist froh. Die ihr den Herrn liebet, hasset das Arge! Der Herr bewahrt die Seele seiner Heiligen.« Weil nun dieser Jüngling in Kraft des Leidens Jesu am Ölberg so große Standhaftigkeit bewiesen hat, ließ ihn der Kaiser Julian los, damit es den Christen nicht zur Ehre gereiche. Man fragte ihn, ob er große Pein gefühlt habe, als man ihn so geißelte? Der Jüngling antwortete: »Ja, im Anfang; aber bald sah ich einen Jüngling in weißem Kleid, der mich unter dem Geißeln mit Wasser besprengte und mit einem Tuch abtrocknete. Da fühlte ich keine Pein mehr.«

Die Hauptsache ist, daß Jesus im Garten angefangen hat, sich selbst zu opfern. »Er hat Gebet und Flehen mit starkem Geschrei und Tränen, mit Zittern und Zagen geopfert zu dem, der ihm konnte von dem Tode aushelfen, und ist auch in seiner tiefen Beugung und Ehrfurcht erhört worden« (Hebr. 5,7). Hier ist also der Ort, von dem Opfer Jesu Christi ausführlicher zu reden. Unlängst schrieb ein Gemütsfreund an mich, der nicht glaubte, daß das Lamm Gottes die Strafen der Sünde getragen hat: »Ein Opfer ist keine Strafe, sondern tritt an die Stelle der Strafe. Christi Gehorsam ist im Vergleich mit Adams Ungehorsam nicht nur ein Gleichwertiges, sondern ein Überfließendes, wodurch nicht nur das Recht, alle Strafen zu erlassen, sondern auch eine Erhöhung des Lebens zuwege gebracht worden ist, so daß daraus eine größere Herrlichkeit als die aus der Schöpfung gekommen ist.« Er sagt, es gebe keine hinlänglichen Gründe, aus denen man dies beweisen könne; ich aber sage: Die

Heilige Schrift gibt den Gläubigen zulängliche Gründe für die, die Grund fordern. Mein lieber Freund hat noch Neulingsbegriffe; er hat nicht alle Stellen Heiliger Schrift zusammengenommen. Man muß ein Gericht ausstehen, wenn man über solche heiligen Dinge schreibt, daß man dazu oder davon tut. Warum schrien die Märtyrer unter dem Altar (Offb. 6,10): »Wie lange richtest du nicht und rächst unser Blut nicht?« Fordern sie nicht Strafe und Rache? Muß nicht die Heiligkeit Gottes durch Gerichte bewiesen werden, weil die Ungläubigen die Strafen oder den Zorn Gottes, den Jesus abgetan hat, wieder auf sich bringen? Sind nicht die Flüche, 5. Mose 27, darum aufgeschrieben worden, damit der Preis der Heiligkeit Gottes daraus kundwerde? Der Zorn Gottes ist nicht nur ein Mißfallen am Bösen (Hab. 1,13), sondern etwas, das in der Kreatur wesentlich die Heiligkeit Gottes zur Zurechtstellung herausfordert. Was sollen die Reden (Hes. 16,42): »Ich will meinen Mut an dir kühlen und meinen Eifer an dir sättigen, daß ich ruhe und nicht mehr zürnen müsse«? Folglich sind diese und Dippels Begriffe Neulingsbegriffe. Ich sah Dippel und Struensee als Hofprediger in Berleburg, beide als Neulinge, über diese Dinge zanken. Aber es half nichts. Gott wird die Sache selber entscheiden. Wir begnügen uns mit den Vorempfindungen ohne Beweis. Jeder Laie hat sie. Das Opfer Christi ist ein Geheimnis vor der Welt. Die Gläubigen haben genug an den Worten: »Die Strafe liegt auf ihm, auf daß wir Frieden hätten«. Was disputieren wir aus Neulingsbegierde?

Laßt uns Jesus am Ölberg vor Augen haben; laßt uns bedenken, was ein Opfer sei! Betrachte, daß man mit Feuer opfert und daß sich mit dem Anzünden des Feuers etwas aus dem Feuer scheidet, das man nicht sieht. Das ist das himmlische Wesen aus dem irdischen. Das war am Ölberg der Streit des natürlichen und des göttlichen Willens. Du siehst 1. Holz zum Feuer, 2. die Materie (den Gegenstand) des Opfers, ein Lamm oder Tier, 3. Feuer und Licht, 4. Rauch. Dies siehst du; aber was als das rechte Opfer Gott zukommt, das siehst du nicht (Ps. 40,7). Jesus mußte im Tod in den Zorn und in das Feuer Gottes eingehen, und am Ölberg mußte er vorher fühlen, was Gottes Zorn war. Die große Sache vom Opfer Jesu wird erst in der letzten Zeit ohne Bilder offenbar werden. Jetzt reden wir als Kinder davon. Moses ganzes Gesetz vom Opfer ist nur ein Vorbild der Menschheit Christi. Was Christus in seiner Menschheit mit seinem Opfer tat, daß er mit Blutvergießen den Zorn Gottes in Liebe verwandelte, das tat Mose mit Tierblut. Gott stellte sich die Verheißung Jesu im Bunde vor. Dieser Name Jesus war im Bund die Imputation oder die Zurechnung, als ob Jesu Opfer bereits geschehen wäre. Zurechnung ist, wenn das Künftige für das Gegenwärtige geschätzt wird. Es lag Gott nicht allein an einem Opfer, durch das sein Mißfallen und sein Zorn verändert wurde, daß er seinen eingebornen Sohn dahingab, sondern es lag ihm an seinem Bilde. Was in Adam in den Tod geschlossen worden war, das sollte sein Sohn wieder lebendig machen. Wir glauben die Auferstehung des Leibes. Der irdische Leib soll nicht ewig leben im irdischen Fleisch und Blut, sondern das Himmlische, das im Feuer Verwandelte, das der irdische Leib im Tod hier gefangen hält. Wenn Christus im Glauben darin gefaßt wird, so ist's nicht als tot geschätzt; es ist nur mit dem Fleisch verdeckt. Darum mußte Christus, als er am Ölberg Blut schwitzte und hernach am Kreuze starb, in den Tod und in Gottes Gericht eingehen, wie Luther selbst träumt, als ob Jesus nach dem Tode noch höllische Pein erduldet hätte. Das lasse ich an seinem Ort. Hingegen ist gewiß, daß Jesus im Tod als Opfer in Gottes Zorn eingehen und von Gott verlassen werden mußte. Man kann noch vieles vom Opfer Jesu verständlich machen; aber kein Theologe kann es ohne Offenbarung, wie sie Jakob Böhme widerfuhr. Sie schämen sich zwar daran; aber Gott wird zeigen, was für Nebenfurchtsamkeiten sie verhindert haben, wem er es zugut halten soll und wem nicht. Lies in Jakob Böhmes »Mysterium magnum«, Kapitel 76, § 5 nach, was es heißt, Gott opfern, Gott Frucht gebären. Es ist aber noch mehr dabei zu bedenken, nämlich (Kap. 26, 5.41): »Das erste reine Wesen Adams wurde von der Schlange angesteckt, wie das Gold der Kupferschlange (Joh. 3); darum mußte es dem Feuer zu einem Opfer und zu einer Speise gegeben werden, und aus dem Opfer, aus dem Feuer des Zorns Gottes, war Gottes Liebeserbarmen offenbar, und ward der erste Adam in Christus des andern Hausgenoß; denn der andere erlöste den ersten.« Lies in J. Böhmes Register von Opfern, so wirst du süße Vorempfindungen von Jesu Opfer finden! Hier will ich noch dies aus dem Mysterium magnum, Kap. 56, § 35 ff., einrücken: »Als Jakob vom Traum göttlicher Gesichte erwachte, da ihm der Herr erschienen war und den Bund bestätigt hatte, da sprach er: ›Gewißlich ist der Herr an diesem Ort, und ich wußte es nicht.‹ Und er fürchtete sich und sprach: ›Wie heilig ist diese Stätte! Hier ist nichts anderes als Gottes

Haus, und hier ist die Pforte des Himmels.‹ Das ist eine Figur (ein Bild, eine Vorschattung), wie es Kindern Gottes geht: Wenn Gott in ihnen offenbar wird, dann stehen sie in Furcht und Trübsal und meinen, Gott sei ihnen fern. Denn wo Gott im Menschen einzieht, da wird in diesen Menschen allezeit zuerst die Sünde und der Zorn Gottes offenbar, daß sie sich erkennen und vor der Sünde erschrekken und in die Buße eingehen (so wie Petrus bitterlich weinte, als er sich erkannte). Erst dann erscheint ihnen Gottes freundliches Angesicht und tröstet sie; denn wo die Seele von der Sünde ausgeht, da geht Gottes Gnade in sie ein, und sie spricht dann: ›Gewißlich ist der Herr bei mir gewesen in meiner Angst, und ich wußte es nicht. Nun sehe ich, daß der Herr bei den betrübten Herzen ist, die in göttlichem Eifer betrübt sind; da ist Gottes Stätte und die Pforte des Himmels.‹ Ferner deutet es an, wie sich in diesem Bund die höchste Liebe Gottes in Christus in unsere Menschheit einersenken werde und wie die Menschheit Christi in Trübsal werde wandeln müssen, weil er all unser Elend und unsre Trübsal auf sich nahm, und wie sich die Menschheit Christi vor dem Zorn Gottes und der Hölle entsetzen werde, wie am Ölberg geschah, da sie in Ängsten blutigen Schweiß schwitzte und Christus in seiner Menschheit sagte: ›Vater, ist's möglich, so gehe dieser Kelch von mir‹, worauf ihm alsbald die Pforte Gottes erschien und die Menschheit tröstete wie hier den Jakob, als er in Trübsal aus seines Vaters Hause weichen mußte, in Furcht und Schrecken vor seinem Bruder, der ihn zu morden drohte, daß ihm angst und bange sein werde, und wie er zu seinem Vater beten werde, und wie ihn sein Vater trösten werde, was alles vor seinem Leiden geschehen ist, sonderlich am Ölberg, an welcher Stätte die Figur Jakobs erfüllt ward.«

Nun, Geliebte, wollen wir von J. Böhme auf unsern Teil der Passionsgeschichte kommen und zeigen, *wie sich die Menschheit Christi am Ölberg aufgeopfert habe:*

1. *was das Gericht Gottes über die Sünde sei und was die Heiligkeit Gottes dabei zu fordern habe,* 2. *wie sein Opfer ein süßer Geruch und Gott höchst wohlgefällig geworden sei.*

O himmlischer Vater, wie lange haben wir noch in jener Welt daran zu lernen, bis wir die große Sache vom Opfer Jesu und von deiner Heiligkeit und Versöhnung nach allen Teilen der Vorbilder verstehen! Du nimmst mit unserem kindlichen Sinn vorlieb. Wir rufen dich als einen Vater an und überlassen es dir, wie du die Welt mit dir selbst versöhnt hast, sowohl im Augenblick des Todes Jesu als auch, wie du in folgenden Zeiten es kund tun wirst, bis du wirst alles in allem sein. Amen.

1. Laßt uns also mit aller Innigkeit nachsinnen, was die Heiligkeit Gottes bei Vollendung des Opfers Jesu zu fordern habe, nämlich ein Gericht und eine Strafe der Sünde.

Aus der ganzen Passion sehen wir, daß Jesus nicht viele beweisbare Schlüsse angibt, sondern daß er in tiefer Ehrfurcht vor dem heiligen Vater im Himmel uns mitten im Leiden die Erfüllung Heiliger Schrift zu bedenken gibt. In dem Opfer Jesu ist uns mit kurzen Worten viel gesagt; wir fassen nur weniges im Glauben davon. Offenbar ist, daß Jesaja (Kap. 53) sagt, er sei vors Gericht gezogen worden; und das hat am Ölberg den Anfang genommen. Da ergab er sich in den unsichtbaren Zorn Gottes, hernach in den sichtbaren. Die Heiligkeit Gottes hat gefordert, daß er gestraft und gemartert wurde. Laß es sein, daß es von dem einen nach der Verwandlung des Zorns in Liebe und von einem andern nach den hohen Absichten Gottes, die Lästerungen des von seinem Thron verstoßenen Engels zuschanden zu machen, oder von noch einem andern nach der Schätzung und Zurechnung des Künftigen fürs Gegenwärtige angesehen wird! Wir sind Kinder und reden wie Kinder; wir müssen nicht um Worte zanken, sondern einem guten Herzen seine Meinung zugute halten.

Es ist wunderschön, daß Jesus seine unverständigen Jünger zuerst zu Zeugen seiner Herrlichkeit am Berg und hernach zu Zeugen seines Kampfes am Ölberg gemacht hat. O der großen Geduld Jesu mit allen langsamen Schülern, wenn sie nur ernstliche Liebe und Begierde zu ihm haben! Oft sollen wir im Garten beten oder wo wir allein sind, oft in Gemeinschaft mit andern, ohne ihre Meinungen zu beschauen oder sie in anstößige Zertrennungen zu setzen. Die elf Jünger hatten gar verschiedene Gemütsarten. Es gehört dem Heiland und Erlöser allein zu, sie zu vermengen, nicht uns. Er führte sie über den Bach Kidron in den Garten. Sie waren Zeugen des Kampfes Jesu bis aufs Blut, doch nirgends melden sie etwas davon. Sie wußten, daß er als das Lamm Gottes die Sünde der Welt trage, und hier sahen sie es mit Augen. Er heißt sie nicht viel nachdenken, sondern nur beten und des Fleisches Schwachheit bedenken; der Heilige Geist werde ihnen zu seiner Zeit den Verstand schon öffnen. Also, liebe Schüler, disputiert nicht viel vor der Zeit über dieser hohen Sache! Legt es vor Gott! Es wird einmal vor euch stehen, wie ihr das Wichtigste verstehen sollt. Ins Gericht hat sich Jesus stellen müssen, das ist aller Welt klar; die Strafen der Sünden hat er auf sich nehmen müssen, so sehr er es verbeten (wegbeten) wollte. Es war nicht anders möglich: Er mußte nach der Schrift den Zornkelch trinken, so bang es ihm auch darauf war. Sagte er doch am Donnerstag früh: »Nun ist des Menschen Sohn verklärt«; aber es war nur zurechnungs- und schätzungsweise. Die Verklärung war im Zorn Gottes verschlungen, und die schläfrigen Jünger entschliefen vor Traurigkeit; es kam aber nach manchen Erfahrungen die Stunde, daß sie es mit Gründen einsahen, warum es so sein mußte. Also, ihr Lieben, betet mit Jesus im Ölgarten, dann geht euch das Feuer Gottes auf Sinai nicht viel an! Wahr ist's, Gott forderte vollen Gehorsam in Heiligkeit und Gerechtigkeit; aber er hat das Feuer in Wasser verwandelt. Gott führte sein himmlisches Wesen in die Wassertaufe als in ein erträgliches Mittel, in dem sich das heilige Feuer des Geistes Jesu wieder im Glauben eröffnet. Gottes Heiligkeit hat dir selber Mittel gemacht, daß es leicht ist, was du zu tun hast. Folge Jesus nach!

2. Nun bedenke zweitens, *wie sein Opfer durchs Zornfeuer am Ölberg durch völlige Übergabe in den Willen Gottes vor Gott ein guter Geruch geworden sei, den er wirklich wesentlich riecht, weil er den Tod ins Leben verwandelt.*

O wie blind sind die Menschen! Es ist ihnen zu niedrig, zu irdisch, zu unphilosophisch, daß Gott Jesu Opfer auf so körperliche Art vollendet hat. Jesus hat an dem, was er litt, Gehorsam gelernt. So lerne auch du Gehorsam des Glaubens, dann wirst du Gott ein Opfer, und dein vernünftiger Gottesdienst ist das größte Opfer! Vor dem Kampf am Ölberg hat Jesus seine Jünger beim Osterlamm und Abendmahl zum Opfer des Neuen Testaments geladen. Die Jünger sollten die Erfüllung des Alten Testaments im Opfer des Neuen essen; denn er führte das Alte Testament als die Figur und das Vorbild ins Neue als in sein Fleisch und Blut ein und gab ihnen die Versöhnung in seinem Fleisch zu essen und in seinem Blut zu trinken. Die Versöhnung sollte nicht mehr im Feuer vom Sinai geschehen, sondern in dem Liebesfeuer, im Fleisch Christi. Sie sollten nun die Versöhnung mit ihrer Glaubensbegierde in Christi Fleisch und Blut essen und sich nicht ärgern an der Einfalt des Neuen Testaments, sondern essen, die Anordnungen und Gebote Jesu mit Lust und Freude befolgen, dann würden sie den vernünftigen Gottesdienst auf leichte Art nach und nach in dem vollendeten Opfer Jesu finden. O wie süß, wie leicht ist die Vollendung des Opfers Jesu für dich! Unter Brot und Wein gibt er dir seinen ganzen Gnadenbund zu essen und zu trinken; hernach wirst du alle Tage mehr erkennen, wie das Opfer des heiligen Vaters Wohlgefallen in Zeit und Ewigkeit erfüllt habe und noch erfülle. Die Wahrheit hat in Absicht hierauf längst gesprochen: Esset das Brot des Verstandes und trinket den Wein, den ich schenke, weil Jesus alles so leicht und angenehm gemacht hat!

Ja, so ist's. Amen, Halleluja!

ZUSAMMENFASSUNG: Hauptstücke des Passionsteils. Summe: Jesus hat sich in den Zorn Gottes geopfert, gleichsam ins Feuer begeben. Jesus hatte vor den Überwindern viel voraus. Doch daß ihn ein Engel gestärkt hat, das hat er mit einigen Märtyrern gemeinsam. Jesus hat sich als Opfer ins Feuer des Zorns Gottes begeben, wiewohl mit viel Widerstand der menschlichen Natur. Widerlegung eines Freundes. 1. Märtyrer schreien um Satisfaktion (Genugtuung); 2. Ungläubige fallen aufs neue in Strafen, von denen sie erlöst worden. 3. Flüche sind ausgesprochene Strafen. 4. Gott muß seinen Eifer sättigen. Dawider streitet Dippel; aber Gläubige erkennen es ohne viel Beweis. Jesus am Ölberg ist Beweis genug, was zum Opfer gehöre. Die Sache werden wir erst völliger einsehen, wie alle Wahrheit, die geglaubt wird. Was Zurechnung sei. Es lag nicht nur am Willen, sondern am Bilde Gottes. Jakob Böhme hat diese Sache mehr als alle Gelehrten geoffenbart. Seine Worte werden angeführt. J. Böhmes Erklärung des Traums und der Worte Jakobs 1. Mose 28, 16. 17. *Wie sich die Menschheit Christi am Ölberg dem Gericht Gottes über die Sünde aufgeopfert habe: 1. Was das Gericht Gottes über die Sünde sei, und was die Heiligkeit Gottes dabei zu fordern habe, 2. wie sein Opfer ein süßer Geruch und Gott höchst wohlgefällig worden sei.* 1. Vom Gericht Gottes beweist Jesus mit Worten nicht viel. Er zeigt es an seinem Opfer; wir können es aber hier nicht auslernen. Jesus nimmt seine Jünger zu Zeugen, daß er Gottes Zorn getragen habe. Sie verstanden es so wenig wie wir. Er fordert nicht, daß sie es erklären, sondern mit ihm beten. Jesus war der Zurechnung nach verklärt; aber der Sache nach war er in der Finsternis des Todes. Gott forderte vollen Gehorsam; doch hat er es uns leicht gemacht durch die Taufe. 2. Gott riecht wesentlich; er fühlt, wie Tod ins Leben verwandelt wird. Die Versöhnung geschieht nicht mehr im Opferfeuer, sondern im Fleisch und Blut Christi. Unter Brot und Wein gibt dir Gott seinen ganzen Gnadenbund. Nun heißt es: Esset das Brot des Verstandes!

VIERTE PASSIONSPREDIGT

Wie und unter welchen Umständen sich Jesus und seine Anhänger ins geistliche Gericht und in das Gericht des Fleisches ergeben haben

Text: Die Hohenpriester aber und Ältesten und der ganze Rat suchten falsch Zeugnis wider Jesum, auf daß sie ihn zum Tode brächten, und fanden keins. Und wiewohl viel falsche Zeugen herzutraten, fanden sie doch keins; ihr Zeugnis stimmte nicht überein. Zuletzt traten herzu zwei falsche Zeugen und sprachen: »Wir haben gehört, daß er sagte: ›Ich will den Tempel, der mit Händen gemacht ist, abbrechen und in drei Tagen einen andern bauen, der nicht mit Händen gemacht ist‹.« Aber ihr Zeugnis stimmte noch nicht überein.
Da stand der Hohepriester auf, trat mitten unter sie und fragte Jesum und sprach: »Antwortest du nichts zu dem, was diese wider dich zeugen?« Aber Jesus schwieg still und antwortete nichts. Und die Ältesten des Volks, die Hohenpriester und Schriftgelehrten sprachen: »Bist du Christus? Sage es uns!« Er aber sprach zu ihnen: »Sage ich's euch, so glaubt ihr's nicht; frage ich aber, so antwortet ihr nicht und laßt mich doch nicht los.« Da fragte ihn der Hohepriester abermals und sprach zu ihm: »Ich beschwöre dich bei dem lebendigen Gott, daß du uns sagest, ob du seiest Christus, der Sohn Gottes, des Hochgelobten?« Jesus sprach zu ihm: »Du sagst es, denn ich bin's. Doch sage ich euch: Von nun an wird es geschehen, daß ihr sehen werdet des Menschen Sohn sitzen zur rechten Hand der Kraft Gottes und kommen in den Wolken des Himmels.« Da zerriß der Hohepriester seine Kleider und sprach: »Er hat Gott gelästert; was bedürfen wir weiteres Zeugnis? Siehe, jetzt habt ihr seine Gotteslästerung gehört. Was dünkt euch?« Sie verdammten ihn alle und sprachen: »Er ist des Todes schuldig.«
Simon Petrus aber war Jesus nachgefolgt und ein anderer Jünger. Dieser Jünger war dem Hohenpriester bekannt und ging mit Jesus hinein in des Hohenpriesters Palast. Petrus aber stand draußen vor der Tür. Da ging der andere Jünger, der dem Hohenpriester bekannt war, hinaus und redete mit der Türhüterin und führte Petrus hinein. Und er ging hinein und setzte sich zu den Knechten, auf daß er sähe, wo es hinaus wollte. Da sprach die Magd, die Türhüterin, zu Petrus: »Bist du nicht auch dieses Menschen Jünger einer?« Er leugnete aber und sprach: »Ich bin's nicht, ich kenne ihn nicht, weiß auch nicht, was du sagst.« Und der Hahn krähte.
Da aber Simon Petrus bei ihnen stand und sich wärmte, sah ihn eine

andere Magd und sprach zu denen, die da waren: »Dieser war auch mit dem Jesus von Nazareth.« Da sprachen sie zu ihm: »Bist du nicht seiner Jünger einer?« Und er leugnete abermals und schwur dazu: »Ich kenne den Menschen nicht.« Und über eine kleine Weile traten hinzu, die da standen, und sprachen zu Petrus: »Wahrlich, du bist auch einer von denen, ein Galiläer; denn deine Sprache verrät dich und lautet gleich also.« Spricht einer von des Hohenpriesters Knechten, ein Gefreundter des, dem Petrus das Ohr abgehauen hatte: »Sah ich dich nicht im Garten bei ihm?« Da verleugnete Petrus abermals, hob an sich zu verfluchen und zu schwören und sprach: »Ich kenne den Menschen nicht, von dem ihr sagt.« Und alsbald krähte der Hahn zum andernmal. Und der Herr wandte sich und sah Petrus an. Da dachte Petrus an die Worte Jesu, da er zu ihm sagte: »Ehe der Hahn zweimal kräht, wirst du mich dreimal verleugnen.« Und Petrus ging hinaus, hob an zu weinen und weinte bitterlich.

Die Männer aber, die Jesum hielten, verspotteten ihn, spieen aus in sein Angesicht und schlugen ihn mit Fäusten. Etliche aber schlugen ihn ins Angesicht, verdeckten ihn und sprachen: »Weissage uns, Christe, wer ist es, der dich schlug?« Und viele andere Lästerungen sagten sie wider ihn. Des Morgens aber hielten alle Hohenpriester und die Ältesten des Volks einen Rat über Jesum, daß sie ihn töteten.

Und der ganze Haufe stand auf, und sie banden Jesum und führten ihn von Kaiphas vor das Richthaus und überantworteten ihn dem Landpfleger Pontius Pilatus. Und es war frühe.

Da das sah Judas, der ihn verraten hatte, daß er verdammt war zum Tode, gereute es ihn und brachte wieder die dreißig Silberlinge den Hohenpriestern und den Ältesten und sprach: »Ich habe übel getan, daß ich unschuldig Blut verraten habe.« Sie sprachen: »Was geht uns das an? Da siehe du zu!« Und er warf die Silberlinge in den Tempel, hob sich davon, ging hin und erhängte sich selbst. Aber die Hohenpriester nahmen die Silberlinge und sprachen: »Es taugt nicht, daß wir sie in den Gotteskasten legen; denn es ist Blutgeld.« Sie hielten aber einen Rat und kauften den Töpfersacker darum zum Begräbnis der Pilger. Daher ist dieser Acker genannt der Blutacker bis auf den heutigen Tag. Da ist erfüllt, was gesagt ist durch den Propheten Jeremias, da er spricht: »Sie haben genommen dreißig Silberlinge, damit bezahlt ward der Verkaufte, welchen sie kauften von den Kindern Israel, und haben sie gegeben um den Töpfersacker, wie mir der Herr befohlen hat.«

Wie schwach die Menschen in ihren Vorsätzen seien, wie der Geist so willig und das Fleisch so schwach sei, haben wir gehört. Wie aber durch wahre standhafte Entschließung und Ergebung in den Willen Gottes ein wahrer Anhänger Jesu unter dem Leiden aushalten könne, das wollen wir euch vorstellen.

»Wir haben hier keine bleibende Stadt, sondern die zukünftige suchen wir« (Hebr. 13,14). Durch diese kräftige Vorstellung halten die Christen aus wie Jesus selber, von dem es Hebr. 12,2 heißt: »Nachdem er sich die Freude nach überstandenem Leiden vorgestellt hatte, erduldete er das Kreuz«. Hier in dieser Welt sind wir Pilgrime, Wanderer, Fremdlinge, und da haben wir auch unser Begräbnis als Pilgrime.

Die Geschichte von dem zum Begräbnis der Pilger gekauften Blutacker ist wunderbar in das Leiden Jesu eingemischt. Judas meinte nicht, daß es so weit komme, daß die Hohenpriester Jesus dem Pilatus überantworten; als er es aber sah, reute es ihn, und die Verzweiflung machte, daß er die dreißig Silberlinge hinwarf und daß hernach die Hohenpriester dies Blutgeld zum Kauf eines Töpfersackers verwendeten. Judas und seinesgleichen denken nicht, daß sie sich einmal erhängen könnten; allein das Gericht bricht über sie herein, weil sie sich in Jesu Leidensweg nicht ergeben wollten, wie es viele solcher kläglichen Beispiele gibt. Wir wollen uns aber als Pilgrime bei dem Blutacker noch etwas aufhalten und zu unserer Erbauung zunutz machen. Wir sind nämlich die, für die der Blutacker gekauft worden ist; wir sind Fremdlinge und Pilger, die zwar nicht sogleich zum Anschauen, sondern in der Hoffnung zur Stadt Gottes kommen, aber doch noch lange nach dem Tode warten müssen (Hebr. 11,39.40). Nun, für solche kauften die Hohenpriester einen Begräbnisplatz um das Geld, für das sie vorher Jesus selber gekauft hatten. Unseres Heilandes kostbares Blut hat es uns erworben, daß wir für unsern Leib, in dem auch der Heilige Geist gewohnt hat, einen Platz in der Erde finden. Sacharja, den hier die Schrift (ich weiß nicht, warum) Jeremia nennt, hat es vorhergesagt (11,12.13). Gott hat es ihm geoffenbart, daß die dreißig Silberlinge einem Töpfer für seinen Acker gegeben werden sollten. Man betrachte also den Kirchhof nicht mit Unglauben, sondern mit Verstand! Der Kirchhof ist Gottes Acker, darin er der Töpfer ist und die Leiber umdreht von einer Form des Staubes in die andere, darin unsere Leiber wieder zu Staub und endlich zu Luft werden müssen, aus der Gott dem Hesekiel (37,9) befohlen hat: »Weissage und sprich zum Wind: ›Wind, komm herzu aus den vier Winden und blase die Toten an, damit sie wieder lebendig werden!‹« Nun geschieht dies zwar jetzt noch nicht; aber doch ist Gott in den Gottesäckern immer Töpfer, wovon wir aber mehr zu wissen, als sich für unseren Kinderstand gehört, uns nicht gelüsten lassen sollen. Genug, unser Leib ist mit Christus auch begraben; aber der Geist steigt nach und nach auf im Paradies von Abrahams Schoß in die Bleibstätten, die uns Jesus bereitet hat. O wie wunderschön fassen die Reden Jesu seine großen Zeitläufe in sich! Tausend Jahre sind wie der Tag, der gestern vergangen ist. Und so redet der Sohn Gottes, seiner Majestät geziemend, zu dem geistlichen Gericht: »Von nun an werdet ihr sehen des Menschen Sohn kommen in den Wolken«. Dergleichen Reden kommen den Ungläubigen gotteslästerlich vor; wir aber kehren uns nicht daran. Unsere Sache ist es nicht, daß wir vor der Zeit die Töpfersachen Gottes ausforschen, die Elemente betrachten. Das gehört für unseren unmündigen Kinderstand noch nicht, worin Gott die Juden erleuchten wird. Wir werden dort in einem Tag mehr lernen als jetzt in achtzig Jahren. Darum wollen wir nunmehr abhandeln,

1. *unter was für abwechselnden Rührungen ein Christ sich ins Leiden begebe,* 2. *welches das härteste Leiden sei, nämlich sich ins Gericht Gottes über Leib und Seele zu ergeben.*

O leidender Heiland, dir sind im Himmel alle deine Leidensempfindungen im Augenblick gegenwärtig. Darum sollen wir deines Todes und alles, was vorausgegangen und nachgefolgt ist, in Liebe gedenken, bis du kommst. Amen.

1. Die abwechselnden Zustände, Rührungen und Empfindungen, die dem Heiland vor dem geistlichen Gericht widerfahren sind, wollen wir nacheinander aus dem Passionsteil erzählen:

1. Jesus wurde gebunden, 2. zu Hannas und Kaiphas geführt. 3. Dieser fragte ihn von seinen Jüngern und von seiner Lehre. Jesus antwortete, er habe ja öffentlich gepredigt, die Leute wüßten es, ihn solle man nicht fragen. 4. Darüber wurde er mit einer Maulschelle geschlagen. 5. Petrus und Johannes kommen zurück, Jesus zu folgen. 6. Falsche Zeugen vom Abbrechen des Tempels treten auf. 7. Jesus schweigt. 8. Kaiphas beschwert sich, daß Jesus, nachdem er zum Nachteil des Tempels geredet hat, nicht antwortet. 9. Kaiphas steht auf und beschwört Jesus, zu sagen, ob er Christus sei. Jesus antwortet kräftig: Ja; er werde es im Gericht sehen. Von jetzt an werde er daran denken müssen. 10. Jesus wird als Gotteslästerer verdammt, 11. als Prophet ins Angesicht geschlagen, 12. von Petrus

verleugnet, und zwar mit Fluchen und Schwören, der es bald hernach beweinte, als ihn der Herr ansah. 13. Judas wirft die dreißig Silberlinge in den Tempel. Die Hohenpriester erkennen es als Blutgeld und kaufen einen Töpfersacker dafür; Judas aber stürzt, vom Strick gebrochen, vorwärts und schüttet alle seine Eingeweide aus.

Seht, von allem diesem wurde Jesus in seiner Seele heftig gerührt; er blieb aber unter allen diesen Veränderungen und Empfindungen wie ein Fels. Er hat sich in alles vorher schon am Ölberg ergeben. Doch darf man nicht meinen, als ob Jesus nicht heftige Leidenschaften und Affekte erlitten hätte. Er litt sehr in seinem Innersten. Das ist umständlich im 22. Psalm gezeichnet; da kann man die Empfindungen Jesu lesen. Denn sowenig wir mit kurzen Worten die stillen Reden Jesu, besonders auch bei dem Blick auf Petrus nach der Verleugnung, aussprechen können, so wenig können wir die Empfindungen Jesu alle auseinandersetzen. Genug, wenn wir sie stückweise betrachten! Stellt euch den Heiland recht vor Augen: Um ihn her sitzt der Hohe Rat und erhebt Klagen; es treten falsche Zeugen gegen ihn auf. Der Pöbel steht unten und erwartet die Verurteilung Jesu durch das geistliche Gericht; neben Jesus hält die Wache. In diesem Zustand hat sich Jesus schon lange in dem 22. Psalm gesehen und im voraus empfunden, was er hernach nach Jesaja 50 wirklich innegeworden ist. Er war dabei fest wie ein Kieselstein und ein Fels und litt alle diese Anläufe nach dem Ausdruck Davids, der es sehr ausführlich beschreibt, wie es war. Er hatte vorher in der Stille alles erblickt, und im Tumult konnte er es unvergeßlich bewahren. Lest nur recht die Ausdrücke des 22. Psalms! Die großen Farren und fetten Ochsen sind die Hohenpriester und Ältesten; ihr Rachen war ein offenes Grab für den Heiland. Die Hunde waren die falschen, bellenden Zeugen, und der tobende Pöbel war die böse Rotte. Jesus wußte wohl, was ihm begegnen werde; aber seine Menschheit und seine irdischen Eigenschaften verdunkelten ihm auch sein Wissen so, daß er sorgte, das Loch der Grube möchte über ihm zusammenfallen und das Erlösungswerk vernichten. Solche Rührung, solche Gedanken mußte er leiden, solange die Feindschaft im Fleisch nicht getötet war. Die heilige Ergebung in alles, was Gott zur Erfüllung der Schrift verordnet hatte, blieb in ihm ungekränkt und unwandelbar.

Diese fehlt den Heuchlern und Doppelherzigen. Sie haben zwar starke Empfindungen und meinen gewiß, sie eifern für Gottes Ehre:

Der Hohepriester zerreißt seine Kleider; er läßt aber wie alle Heuchler das Wesentliche fahren und hält sich an die gewohnte Form, weil er sich niemals in den Leidenssinn Jesu ergeben hat. Da das Herz solcher Leute von Empfindungen, von Glauben und von Liebe leer ist, gaukeln sie doch den Rechtschaffenen die Zeichen ihrer Empfindungen nach. Leichter ist ihnen, etliche Tränen zu vergießen, leichter, einen Riß in ihre Kleider zu tun, leichter, in den Tempel und zum Tisch des Herrn zu gehen, als ihr Herz zu ändern. Hingegen wahre Bekannte und Freunde Jesu machen es ganz anders. Ein solcher Bekenner der Lehre Jesu hört die Hohnsprüche über Jesu Offenbarung, wie sie Semler und seine Anhänger öffentlich ausgestoßen haben; ein heiliger Eifer zerreißt seine Seele (2.Kön. 19,1; Joel 2,12.13). Er legt seine Gegenüberzeugung öffentlich an den Tag, läßt sich auch nicht wehren, läßt sich seinen Mund nicht stopfen, wennschon die Hohenpriester es befehlen. Diese lauteren Seelen achten es nicht, wenn sie für Toren angesehen werden. Sie bedienen sich keiner unzeitigen Behutsamkeit; sie laufen dem Teufel auch mit Gegenbemühungen den Rang ab. Sie sind von dem Allerschönsten und -schrecklichsten der Heiligen Offenbarung so durchdrungen, daß sie sich durch keine Scham des Guten zurückhalten lassen, ihr Gefühl auszureden und der Welt vor Augen zu legen. Das Gespött über Jesu Reden mit Stillschweigen oder kaltem Blut anzuhören, ist ihnen je und je ein Brand in den Gebeinen. Sie umarmen das Kreuz Jesu; sie tragen es ihm bei verschiedenen Abwechslungen nach. Sie sind im Herzen wirkliche Märtyrer. Sie leiden Spott und Speichel von den Heuchlern; aber sie wissen, daß sie ihrem Vater im Himmel und ihrem Herrn auch im Eifer dienen. So viel ist diesmal genug von den Empfindungen, die die Gesalbten Gottes unter allen menschlichen Abwechslungen, Fehlern und Irrungen fühlen, wobei ihre größte Freude ist, sich dem Willen Gottes ins Leiden zu ergeben.

2. Wir betrachten noch zweitens, *welches das härteste Leiden sei, nämlich sich ins Gericht Gottes über Leib und Seele zu ergeben.*

Jesus ergab sich wohlgefaßt am Ölberg in die Stricke und Bande. Er litt der bösen Rotte Backenstreiche. Er wird als ein Gotteslästerer verdammt, ins Angesicht geschlagen und bespien, gerauft, hin- und hergerissen, und zwar die ganze Nacht hindurch. Das waren Gerichte über das Fleisch; aber seine Seele und sein Geist litt ungleich mehr, und doch ertrug er alles wie ein Lamm, das vor seinem

Scherer verstummt, weil er sich darein ergeben hatte. Was war aber das härteste Leiden? — Alle Sünden der Welt sind nicht nur sittliche oder moralische Folgen, sondern angehäufte Schändungen der Ordnung Gottes, die er wiedergutgemacht hat. Dies heißt der Zorn Gottes, dies sind wesentliche Greuel und Gott lästernde Vorwürfe des Teufels; diese müssen nicht nur abgetan, sondern öffentlich mit Schmerzen und Qualen an Leib und Seele der Menschen und bösen Engel in gewissen Zeitläufen abgestraft werden. Auch die Seele, nicht nur der Leib, muß auseinandergesetzt und von den Befleckungen durch Feuer, Luft, Wasser, Erde, Schwefel und Salz so gereinigt werden, daß es das Werk eines Schmelzers ist, wie es oft in Heiliger Schrift vorkommt. Nun wollen die Gottesgelehrten nichts von solcher Schmelzung und Läuterung vernehmen; darum verstehen sie auch die Worte von dem Grimm, von den ausgegossenen Schalen des Zorns nicht. Dieser Zorn ist nicht in Gott; denn Zorn in Gott ist ein wesentliches Mißfallen an dem Wust, dem Gestank, der Eitelkeit und dem Verderben in der Kreatur. Alles dies nach harmonischem Verhältnis auf die künftige Wiederherstellung zu tragen, war niemand als der Mensch Jesus, der Menschensohn, imstande.

Das war das härteste Leiden, das in den Leidenspsalmen so jämmerliche und schmerzhafte Seufzer ausgepreßt hat. Die Heilige Schrift schweigt von den wesentlichen inneren Gründen der verdorbenen Natur, um den Zorn Gottes zu erklären. Sie tut es in kleinen Pünktlein; hingegen Jakob Böhme mußte es nach seiner dunklen Schreibart erklären. Weil er aber eine ganz andere Art führt als le Pluche in dem achten Teil des »Schauplatzes der Natur«, aus menschlichen Handlungsarten der Bündnisse, so sind die wenigsten imstande, wie Spener davon zu urteilen; und doch läuft alles auf eine wirklich chemische Verwandlung der Naturen hinaus.

Die Hölle ist im Menschen (Jak. 3) durch Entzündung des Umlaufs der Geschöpfsordnung. Die Liebe Gottes mußte nach Art der menschlichen Wirksamkeit in das erweckte Zornfeuer, das Jakobus Hölle heißt, eingehen. Der Himmel mußte in die Hölle kommen; das Leben mußte sich in das Gift des Todes hineingeben. Es wäre nicht genug gewesen, daß Gott im Himmel bliebe und blickte die Menschen nur als Versöhnte mit Liebe an, sondern es mußte das himmlische Liebewesen, das himmlische Feuer in das grimmig erregte Feuer der Kreatur eingehen. Im Blut steht das menschlich umlaufende Leben, im Blut ist lauter Fäulnis, sobald es stille steht. Es mußte ein anderes Blut in das faulende Menschenblut eingehen; darum mußte die äußere Menschheit in Christus sterben. Vorher aber mußte Gott im Fleisch geboren werden, um mit himmlischem Fleisch und Blut *und* mit verderbtem menschlichem Fleisch und Blut *eine* Person zu formieren. Als nun eine solche Person gekommen war, da stand der Himmel in der Erde. Nun hätte es die Menschwerdung nicht getan, sondern es mußte die Feindschaft im Fleisch überwunden werden durch göttliche Liebeskräfte. Da kam es deswegen ins Ringen am Ölberg. Die Liebe und der Zorn stritten miteinander. Jesus in seiner gelassenen Liebe mußte es nach der inneren Kur für das zornige, bittere, feindselige Wesen ausführen. Der Sohn mußte das allerbitterste Leiden, nämlich den Zorn des Vaters über die Sünde, übernehmen. Die Liebe und Sanftmut ließ sich verspotten und verspeien, d. h., die Hohenpriester, die Juden und die böse Rotte mußten an Jesus das Recht Gottes vollstrecken. Es hat alles viel zu bedeuten zur Harmonie der Wiederherstellung aus dem Zorn in die Liebe, daß Jesus beide, ein weißes und ein Purpurkleid, angetan wurden. Das werden wir einstens alle sehen. Jetzt reicht unser Verstand nicht so weit.

Nur dieses ist zu unserer Ergebung und zum Gehorsam in die mancherlei Leiden noch zu merken, daß, wenn die Seele einmal zu etwas gekommen zu sein glaubt, ihr erst das Kleid der Falschheit oder eigenen Anmaßung der göttlichen Liebe offenbar wird. Das ist ein bitteres Leiden, das oft und viel über uns kommen muß. Vergebung geht vorher, wenn schon noch keine wirkliche Veränderung oder Verwandlung vorgegangen ist. Nach der Hand wird erst der Grimm in Liebe verwandelt.

Nun habe ich gezeigt, was das bitterste Leiden Jesu gewesen ist. Was ist es denn bei uns? — Man muß sich oft und viel ins Gericht Gottes werfen, wenn man »Abba, lieber Vater!« schreien will, wenn wir schon Jesus im Heiligen Geist einen »Herrn« heißen. Man muß es für eitel Freude achten, in viel Anfechtung und Bewährung zu kommen. Das hört so bald nicht auf; aber die Liebe zu Jesus macht alles leicht. Die Liebe Christi dringt uns, wenn wir gewiß, aus lebendiger Kraft bewahrt, dafür halten, daß so Einer gestorben ist, so seien wir alle mit gekreuzigt, mit gestorben, mit begraben und mit ins Leben versetzt. Weiter davon zu reden, ist unnötig. Diese geheimen Sachen lernt man nicht in der Predigt, sondern Gott lehrt es einen jeden für seine Person. Er tue es und vollende uns im Leidenssinn zur Herrlichkeit in dem Angesichte Jesu Christi. Amen.

Zusammenfassung: Die ersten Christen haben sich wie Jesus selber Ursachen vorstellen müssen, um zu überwinden. Wir sind Pilgrime und werden als Pilgrime begraben. Betrachtung über den Blutacker. Gott bildet im Kirchhof vieles an unserem Leib. Es geht viel in die Luft. Der Leib wird begraben; der Geist steigt nach und nach auf. Lasset uns Jesu Reden von den Töpfersachen Gottes in den großen Zeitläufen recht verstehen. *1. Unter was für abwechselnden Rührungen ein Christ sich ins Leiden begebe, 2. welches das härteste Leiden sei, nämlich sich ins Gericht Gottes über Leib und Seele zu ergeben.* 1. Zustände des Leidens Jesu werden dreizehn erzählt. Der Heiland war unter allem ein Fels. Er ergab sich in alles; aber seine Empfindungen können wir nicht aussprechen. David hat sie ausgesprochen. Jesus litt viel Abwechslung bei einem felsenhaften Grund. Die Heuchler meinen auch, sie eifern für Gott; aber solche, die sich recht in alles, was des Heilandes ist, ergeben, halten stand. 2. Jesus ergab sich vorher schon am Ölberg, daher er im Gericht alles gern litt. Die Sünden der Welt sind angehäufte Teufelsgeburten. Das kann Gottes Heiligkeit nicht tragen; sie muß zürnen, Gericht üben und schmelzen. Zorn ist nicht in Gott, sondern in der ausgearteten Geburt der Kreatur. Jakob Böhme und le Plüche müssen beide vom Zorn Gottes schreiben. Es läuft alles auf Chemie hinaus. Kraft des himmlischen Blutes Jesu. Die Hohenpriester haben an Christus Gottes Recht vollstreckt. Falschheit wird dem Menschen erst spät nach viel Leiden im Grunde offenbar.

FÜNFTE PASSIONSPREDIGT

Wie und unter welchen Leiden sich die Liebhaber Jesu vor dem weltlichen Gericht verhalten sollen

Text: Die Juden gingen aber nicht in das Richthaus, auf daß sie nicht unrein würden, sondern Ostern essen möchten. Da ging Pilatus zu ihnen heraus und sprach: »Was bringt ihr für Klage wider diesen Menschen?« Sie antworteten und sprachen zu ihm: »Wäre dieser nicht ein Übeltäter, wir hätten dir ihn nicht überantwortet.« Da sprach Pilatus zu ihnen: »So nehmet ihr ihn hin und richtet ihn nach eurem Gesetz!« Da sprachen die Juden zu ihm: »Wir dürfen niemand töten.« Auf daß erfüllet würde das Wort Jesu, welches er sagte, da er deutete, welches Todes er sterben würde. Und die Hohenpriester und die Ältesten fingen an, ihn zu verklagen, und sprachen: »Diesen finden wir, daß er das Volk abwendet und verbietet, den Schoß dem Kaiser zu geben, und spricht, er sei Christus, ein König.«

Da ging Pilatus wieder hinein in das Richthaus und rief Jesum und sprach zu ihm: »Bist du der Juden König?« Jesus antwortete: »Redest du das von dir selbst, oder haben es dir andere von mir gesagt?« Pilatus antwortete: »Bin ich ein Jude? Dein Volk und die Hohenpriester haben dich mir überantwortet. Was hast du getan?« Jesus antwortete: »Mein Reich ist nicht von dieser Welt. Wäre mein Reich von dieser Welt, meine Diener würden kämpfen, daß ich den Juden nicht überantwortet würde; aber nun ist mein Reich nicht von dannen.« Da sprach Pilatus zu ihm: »So bist du dennoch ein König?« Jesus antwortete: »Du sagst es; ich bin ein König. Ich bin dazu geboren und in die Welt gekommen, daß ich für die Wahrheit zeugen soll. Wer aus der Wahrheit ist, der höret meine Stimme.« Spricht Pilatus zu ihm: »Was ist Wahrheit?« Und da er das gesagt, ging er wieder hinaus zu den Juden und spricht zu ihnen: »Ich finde keine Schuld an diesem Menschen.«

Die Hohenpriester aber und Ältesten beschuldigten ihn hart. Und da er von ihnen verklagt ward, antwortete er nichts. Da fragte ihn Pilatus abermals und sprach zu ihm: »Antwortest du nichts? Hörst du nicht, wie hart sie dich verklagen?« Und er antwortete ihm nicht auf *ein* Wort, also daß sich auch der Landpfleger sehr verwunderte.

Sie aber hielten an und sprachen: »Er hat das Volk erregt, damit daß er gelehrt hat hin und her im ganzen jüdischen Lande und hat in Galiläa angefangen bis hieher.« Da aber Pilatus Galiläa hörte, fragte er, ob er aus Galiläa wäre. Und als er vernahm, daß er unter des Herodes Obrigkeit gehörte, übersandte er ihn zu Herodes, welcher in den Tagen auch zu Jerusalem war. Da aber Herodes Jesum sah, ward er sehr froh; denn er hätte ihn längst gerne gesehen; denn er hatte viel von ihm gehört und hoffte, er würde ein Zeichen von ihm sehen. Und er fragte ihn mancherlei; er antwortete ihm aber nichts. Die Hohenpriester aber und Schriftgelehrten standen und verklagten ihn hart. Aber Herodes mit seinem Hofgesinde verachtete und verspottete ihn, legte ihm ein weißes Kleid an und sandte ihn wieder zu Pilatus. Auf den Tag wurden Pilatus und Herodes Freunde miteinander; denn zuvor waren sie einander feind.

Pilatus aber rief die Hohenpriester und die Obersten und das Volk zusammen und sprach zu ihnen: »Ihr habt diesen Menschen zu mir gebracht, als der das Volk abwende. Und siehe, ich habe ihn vor euch verhört und finde an dem Menschen der Sachen keine, deren ihr ihn beschuldigt; Herodes auch nicht; denn ich habe euch zu ihm gesandt, und

siehe, man hat nichts auf ihn gebracht, das des Todes wert sei. Darum will ich ihn züchtigen und loslassen.«
Auf das Osterfest aber hatte der Landpfleger die Gewohnheit, dem Volke einen Gefangenen loszugeben, welchen sie begehrten. Und das Volk ging hinauf und bat, daß er täte, wie er pflegte. Es war aber zu der Zeit ein Gefangener namens Barabbas, ein sonderlicher vor andern, welcher war um eines Aufruhrs, der in der Stadt geschehen war, und um eines Mords willen ins Gefängnis geworfen. Da sie nun versammelt waren, sprach Pilatus zu ihnen: »Ihr habt eine Gewohnheit, daß ich euch einen auf Ostern losgebe; welchen wollt ihr, daß ich euch losgebe? Barabbas oder Jesus, von dem gesagt wird, er sei Christus, der Juden König?« Denn er wußte wohl, daß ihn die Hohenpriester aus Neid überantwortet hatten.
Und da Pilatus auf dem Richtstuhl saß, schickte sein Weib zu ihm und ließ ihm sagen: »Habe du nichts zu schaffen mit diesem Gerechten; ich habe heute viel erlitten im Traum von seinetwegen.«
Aber die Hohenpriester und die Ältesten überredeten und reizten das Volk, daß sie um Barabbas bitten sollten und Jesum umbrächten. Da antwortete nun der Landpfleger und sprach zu ihnen: »Welchen wollt ihr unter diesen zweien, den ich euch soll losgeben?« Da schrie der ganze Haufe und sprach: »Hinweg mit diesem, und gib uns Barabbas los!« Barabbas aber war ein Mörder. Da rief Pilatus abermals ihnen zu und wollte Jesum loslassen und sprach: »Was soll ich denn machen mit Jesus, von dem gesagt wird, er sei Christus?« Sie riefen alle und schrieen: »Kreuzige, kreuzige ihn!« Er aber sprach zum drittenmal zu ihnen: »Was hat denn dieser Übles getan? Ich finde keine Ursache des Todes an ihm. Darum will ich ihn züchtigen und loslassen.« Aber sie schrieen noch viel mehr: »Kreuzige ihn!« Und ihr und der Hohenpriester Geschrei nahm überhand.
Da nahm Pilatus Jesum und ließ ihn geißeln. Und die Kriegsknechte des Landpflegers nahmen Jesum zu sich und führten ihn hinein in das Richthaus und sammelten über ihn die ganze Schar. Und sie zogen Jesum aus und legten ihm einen Purpurmantel an und flochten eine Krone von Dornen und setzten sie auf sein Haupt und ein Rohr in seine rechte Hand, und beugten die Kniee vor ihm und verspotteten ihn und sprachen: »Sei gegrüßet, lieber Judenkönig!« Und sie gaben ihm Backenstreiche und spieen ihn an und nahmen das Rohr und schlugen damit sein Haupt.
Da ging Pilatus wieder heraus und sprach zu ihnen: »Sehet, ich führe ihn heraus zu euch, daß ihr erkennet, daß ich keine Schuld an ihm finde.« Also ging Jesus heraus und trug eine Dornenkrone und ein Purpurkleid. Und Pilatus spricht zu ihnen: »Sehet, welch ein Mensch!« Da ihn die Hohenpriester und die Diener sahen, schrieen sie und sprachen: »Kreu-

zige! kreuzige!« Pilatus spricht zu ihnen: »Nehmt ihr ihn hin und kreuzigt ihn; denn ich finde keine Schuld an ihm.« Die Juden antworteten ihm: »Wir haben ein Gesetz, und nach dem Gesetz soll er sterben; denn er hat sich selbst zu Gottes Sohn gemacht.«
Da Pilatus das Wort hörte, fürchtete er sich noch mehr und ging wieder hinein in das Richthaus und spricht zu Jesus: »Von wannen bist du?« Aber Jesus gab ihm keine Antwort. Da sprach Pilatus zu ihm: »Redest du nicht mit mir? Weißt du nicht, daß ich Macht habe, dich zu kreuzigen, und Macht habe, dich loszugeben?« Jesus antwortete: »Du hättest keine Macht über mich, wenn sie dir nicht wäre von oben herab gegeben; darum, der mich dir überantwortet hat, der hat größere Sünde.« Von dem an trachtete Pilatus, wie er ihn losließe. Die Juden aber schrieen und sprachen: »Läßt du diesen los, so bist du des Kaisers Freund nicht; denn wer sich zum König macht, der ist wider den Kaiser.«
Da Pilatus das Wort hörte, führte er Jesum heraus und setzte sich auf den Richtstuhl an der Stätte, die da heißt Hochpflaster, auf hebräisch aber Gabbatha. Es war aber der Rüsttag auf Ostern. Und er spricht zu den Juden: »Sehet, das ist euer König!« Sie schrieen aber: »Weg, weg mit dem! Kreuzige ihn!« Spricht Pilatus zu ihnen: »Soll ich euren König kreuzigen?« Die Hohenpriester antworteten: »Wir haben keinen König, denn den Kaiser.«
Da aber Pilatus sah, daß er nichts schaffte, sondern daß ein viel größer Getümmel ward, nahm er Wasser und wusch die Hände vor dem Volk und sprach: »Ich bin unschuldig an dem Blut dieses Gerechten; sehet ihr zu!« Da antwortete das ganze Volk und sprach: »Sein Blut komme über uns und über unsere Kinder!« Pilatus aber gedachte, dem Volk genug zu tun, und gab ihnen Barabbas los, der um Aufruhrs und Mords willen war ins Gefängnis geworfen, um welchen sie baten; Jesum aber, den er hatte geißeln lassen, übergab er ihrem Willen, daß er gekreuzigt würde.

Vor dem geistlichen Gericht hat ein Liebhaber Jesu viel auszustehen. Die Schriftgelehrten sind die, von denen David sagt: »Du wirst nimmer eins werden mit dem schädlichen Stuhl, der das Gesetz übel deutet« (Psalm 94,20). Es geht den Redlichen nichts so sehr zu Herzen, als wenn solche die Obermacht bekommen, die dem Kaiphas gleich sind. Die beste Wehre ist Jesu Wort: »Ich habe frei öffentlich geredet; ich habe nichts im Verborgenen zurückgehalten« (Joh. 18,20). Vor dem weltlichen Gericht und vor Pilatus kommt man oft viel leichter zurecht. Pilatus untersuchte die Sache; die Schriftgelehrten wollen, daß man ihnen ohne Verhör glauben soll. Jesus Christus will nicht, daß man sich bekümmere. Nur muß man gewiß sein, daß man Gott zum Vater und Jesus zum Herrn hat und daß man nicht sein Eigenes, sondern Gottes Sache treibt. Daher wollen wir auch nicht viele Regeln geben, sondern nur anzeigen, wie wir uns auf alle Fälle mit dem Leidenssinn Jesu wappnen sollen, wenn wir in der Wahrheit freigemacht sind von den heuchlerischen Gesinnungen der Welt. Es wird solchen zur Stunde gegeben, wie sie unter vieler Langmut und Geduld gegen die Welt und die obrigkeitliche Gewalt sich verhalten sollen, erstlich in Bekenntnis der Wahrheit mit Reden und Schweigen, zweitens in kluger Voraussicht der Ränke des Satans und daß sie so gut wie Paulus die Trübsale, die noch am Fleisch Christi mangeln, über sich ergehen lassen.

Schön und vortrefflich handelt man, wenn man alle besonderen Stücke der Leiden Jesu vor Augen malt; aber gewöhnlich bedenken die Lehrer nicht, daß sie mit allzuvielen Anmerkungen das Gedächtnis der Zuhörer überhäufen. Wir müssen die Leiden Jesu kurz, summarisch, nach der Ordnung und ohne ausschweifende Gedanken uns vor Augen stellen, so werden wir großen Nutzen davon haben. Ich finde es deswegen nicht undienlich, einen Brief von Pilatus, den er an den Kaiser nach Rom geschrieben haben soll und in dem alles kurz zusammengefaßt ist, hier einzurücken. Man muß dabei aber wissen, daß Pilatus, ungeachtet etlicher Tugenden, ein grausamer Mann gewesen ist; hat er doch das Blut von einigen Galiläern mit ihrem Opfer vermengt (Luk. 13,1). Pilatus hatte acht Jahre lang regiert, als Christus gekreuzigt wurde; nach dieser Zeit regierte er noch zwei Jahre. Er verhielt sich gegen die Samariter sehr ungerecht. Ihre Klagen fanden statt; er wurde abgesetzt und nach Rom gefordert, Antwort zu geben wegen der Samariter Beschuldigung und vielleicht auch wegen der Kreuzigung Jesu. Aber ehe er nach Rom kam, geriet er in Verzweiflung, daß er sich selbst umbrachte. Der Brief lautet so:

»Pontius Pilatus wünscht dem Kaiser Claudius Tiberius
Nero Glück und Heil!

Es hat sich neulich zugetragen, und ich bin selber Zeuge davon, daß die Juden sich und allen ihren Nachkommen aus bloßem Neid durch eine grausame Verurteilung großen Schaden getan haben. Denn da sie, vermöge gewisser Weissagungen, die von ihren Vätern und von ihnen selbst auf jener Ansehen angenommen worden sind, darauf warteten, daß ihr Gott ihnen durch die Geburt einer Jungfrau den senden sollte, der mit Recht ihr König genannt werden konnte, so hat er diesen, währenddem ich in Judäa weile, wirklich gesandt. Dieser gab, wie jedermann bekannt geworden ist, Blinden das Gesicht, machte Aussätzige rein und heilte mit Gicht Geschlagene. Sie haben es auch mit ihren eigenen Augen gesehen, daß er Teufel austrieb und Besessene von unreinen Geistern befreite. Er hat nicht weniger Tote aus ihren Gräbern auferweckt, die Sturmwinde waren ihm gehorsam, und mit trockenen Füßen wandelte er auf dem Meer. Er hat noch weitere Wunder verrichtet und ist deswegen bei den Juden insgemein und insbesondere unter dem gemeinen Volk Gottes Sohn genannt worden. Die Vornehmsten von der Priesterschaft, von Mißgunst angetrieben, waren ihm zuwider, und diese übergaben ihn mir als einen Gefangenen, dem sie allerhand, aber in der Tat nur erdichtete Verbrechen schuld gaben. Sie nannten ihn einen Zauberer, einen Mann, der ihr Gesetz verlasse und ihm gar widerspreche. Ich ließ mich durch diese Beredungen verleiten, ihren Klagen Glauben beizumessen, ließ ihn mit Ruten streichen und übergab ihn ihren Händen, um ihn nach eigenem Gefallen abzustrafen. Hierauf kreuzigten sie ihn und setzten vor das Grab, in das er gelegt wurde, eine gewisse Anzahl Hüter, denen ich aus meinen Soldaten auch noch einige zugab, und diese alle haben es gesehen, daß er am dritten Tag von den Toten wieder auferstanden ist. Die Bosheit der Juden geriet hierdurch noch mehr in Flammen. Sie bezahlten den Soldaten viel Geld, damit diese vorgäben, daß seine Jünger des Nachts seinen Leichnam davongetragen hätten. Diese nahmen zwar das Geld an; sie sagten aber nichtsdestoweniger allenthalben öffentlich und bezeugen es noch jetzt, daß sie Gesichte der Engel gesehen haben und daß Jesus wahrhaftig auferstanden sei. Ich berichte dir deswegen selber, damit niemand den Lügen und Geschwätzen der Juden Glauben beimessen möge, wenn diese allenfalls die Sache und den Vorgang anders erzählten. Lebe wohl!«

Dieser Brief mag nun erdichtet oder wahr sein, so ist glaublich, daß Pilatus die Sache nach Rom berichtet und die meiste Schuld auf die Juden geschoben hat. Wie dem sei, wir gehen darüber weg und sind begierig, Jesu gleichförmig zu werden in seinen Leiden vor den kaltsinnigen Weltrichtern und vor der gegen Jesu Leiden so gleichgültigen Art von Menschen. Es ist sehr löblich, daß die Kirche die Leidenstage, besonders die Marterwoche Jesu, mit öffentlichen

Zeichen der Enthaltsamkeit feiert. Die ersten Christen waren sorgfältiger als wir. Sie enthielten sich auf besondere Art von erlaubten Ergötzlichkeiten. Ganze Tage und Nächte brachten sie mit Fasten zu; sie ehrten die Marterwoche mit besonderen Übungen. Beim Glanz der Lampen und Lichter wachten sie die letzte Nacht. Wir in unsern Tagen haben keinen solchen Eifer. Die Fastnachtslustbarkeiten um diese Zeit sind bekannt. Wenigstens sollten etliche unter uns es machen wie Hiob über den Ausschweifungen seiner Söhne; aber wir werden allzusehr dahingerissen, dergleichen Übungen in Gemeinschaft der Mitbrüder vorzunehmen. Wir müssen aber doch widerstehen und unsere Unlust mit dem Gang in den Ölgarten und mit Gebet vor dem mit Dornen gekrönten Jesus überwinden. Satan macht und erweckt diese Unlust. Wir, die wir Jesus lieben, sollen die Leiden Jesu vor Pilatus in gewissen ausgesetzten Zeiten besonders zu Gemüt ziehen und unsere Mitgenossenschaft seines Leidens auf allerlei Art an den Tag legen, auch wann wir mitten unter den Weltleuten wandeln, wann wir der Ergötzlichkeiten der Natur, der Speise und des Tranks, der Ruhe auf unserem Lager genießen. Die wichtigen Vorgänge des Leidens Jesu vor dem weltlichen Gericht, deren in unserem Text dreizehn sind, wollen wir vor dem Gnadenthron Jesu ehren und solche mit dazunehmen, wenn wir bei der Kommunion seines Todes gedenken. Wir machen uns die größte Freude daraus, in tieferer Ausübung der Wahrheit durch die Betrachtung der Gesinnungen Jesu und seiner stillschweigenden Gedanken, uns vor Gott zu stellen als ein Opfer, das lebendig, heilig, wohlgefällig sei, insbesondere unsere Leiber von den Gewohnheiten der Welt, die uns anhangen, zu reinigen. Das wird der Geist Jesu einen Liebhaber Jesu selber lehren. Man kann keine Regel geben. Oft sollen wir in uns selbst gehen und unsere verrückten Lieblingsmeinungen dem Feuer göttlicher Liebe aufopfern, nicht auf eine gezwungene Weise, sondern auf eine fröhliche Art, mit Danksagung für die Erkenntnis Jesu und mit Eifer, allen Reichtum, der in Jesus liegt, herauszusetzen, mit Worten andern anzupreisen, die Scham des Guten zu überwinden und über den Satan durch des Lammes Blut und durch das Wort des Zeugnisses zu siegen. Ach wie sehr verlieren wir den Zuspruch des Paulus aus dem Gesicht: »Ziehet an den Harnisch Gottes, zu bestehen gegen die Hinterschleichungen Satans!« (Eph.6,11), die wir als Phantasien in uns ertappen müssen, die wir wie Heringshäute von uns wegziehen und von uns werfen und verdammen müssen. Dies sind die Übungen eines vernünftigen Gottesdienstes in täglichen Vorfallenheiten.

Wir haben viele Phantasien in uns, die wir für Wahrheit und gegründete Schlüsse halten. Lies in Melodius »Von dem Einfluß der Wahrheit in den Willen« und das Buch »Die törichte Welt, der klugen vorgezogen«. Ja, es gibt noch sehr viele Büchlein, die die Werkzeuge Jesu oft aus Neulingseifer ausgeben können, die uns aber dahin zu bringen vermögen, unser Leben zu hassen, die falschen Sätze Gott aufzuopfern und unsere phantastischen Einbildungen, die wir für Wahrheit halten, zu verdammen. Unsere Gleichförmigkeit mit dem Leiden Jesu vor Pilatus soll sich vornehmlich in der Gemeinschaft der Brüder und im Umgang und im weisen Wandel gegen die, die draußen sind, offenbaren. Jakobus sagt sehr wichtig (3,13): »Wer ist weise und klug unter euch? Der erzeige mit seinem guten Wandel und Umgang sein Werk in der Sanftmut« als Schüler der Weisheit, die wir gleich im ersten Kapitel des Jakobus ergreifen sollen, nämlich: »Achtet es für eitel Freude, wenn ihr in mancherlei Prüfungen und Anfechtungen geratet, weil die Bewährung eures Glaubens darin Geduld wirkt und die Geduld in unserem fortgesetzten Werk bis ans Ende arbeiten soll, damit wir vollkommen werden, ganz, in keinem Stück dahintenbleibend«.

Nun, liebe Zuhörer, hieraus habt ihr Vorbereitung genug zu unserer versprochenen Abhandlung, nämlich *wie wir unter viel Geduld und Langmut uns gegen die Welt und deren gewaltsames Verfahren nach dem Vorbild Jesu vor Pilatus und Herodes verhalten sollen,*

1. in Bekenntnis der Wahrheit bald mit klugem Stillschweigen, bald mit freudigem, öffentlichem Zeugnis und Verantwortung gegen jedermann, der uns Anlaß gibt; 2. in kluger Voraussicht der Ränke des Satans, wobei wir uns tief ins Herz drücken sollen, daß wir im Leiden fortsetzen, was noch nachzuholen ist an Trübsalen am Leib Christi, und daß wir uns ihrer nicht zu gering achten sollen.

O Jesu, drücke du selber alle deine Leiden vor Pilatus unter Gebet vor deinem Gnadenthron in unser Herz und zeige uns nach dem 119. Psalm, Vers 33, alle Griffe und Wendungen, die dazu gehören, Amen.

1. Wer in der Liebe Jesu fortgeht und seine Fehler und Mängel sich nicht zurückhalten, sondern anfeuern läßt, der stellt sich getrost in das Gebet Jesu, Johannes 17, hinein. Er weiß bei sich selbst, daß er nicht aus der Welt ist, wenn ihm schon noch viele närrische, un-

überdachte Befleckungen des Geistes anhangen. Lavater ist uns ein Beispiel hiefür wie auch Crügot, die beide bei vielen irrigen Sätzen doch die Wahrheit bekennen. Wir haben nicht oft Gelegenheit, unser Bekenntnis vor Pilatus abzulegen. Die großen Herren sind viel zu gleichgültig gegen die inneren Wege Jesu, sie formieren sich eine Religion nach ihrem Eifer für ihre gewohnten Sätze. Aber wie Pilatus viel Tugend hatte, so ist es doch wahr, was der hohenlohische Hofprediger Meister sehr biblisch ohne hochtrabende Worte sagt, wie es die Großen dieser Welt machen, wenn er in dem Buch »Fußstapfen der Schafe Christi«, Seite 319, ihre Handlungsweise folgendermaßen hinstellt: »Nehmet«, sagt er, »einen Mann wie Pilatus, gebt diesem das natürliche beste Herz, laßt ihn mit diesem Herzen in die Umstände geraten, da er zwischen der Ungerechtigkeit eines Urteilsprechers und zwischen der Gnade seines Fürsten wählen muß: er wird sich eine Zeitlang widersetzen; endlich wird er froh sein, wenn sich ihm etwas anbietet, das eine gerecht scheinende Entscheidung auf der schlimmen Seite geben kann.«

Nun, wie soll man sich verhalten bei solchen gutmeinenden Urteilsprechern? — Das kann man nicht sagen. Gott wird Stunden und Minuten senden, in denen du deinem Jesus in Verantwortung ähnlich wirst; du wirst finden, daß du aus Gott und vor Gott in Christus geredet hast. Du wirst lernen, in Sanftmut zu schweigen und im Ernst der unverletzlichen Wahrheit zu reden. Der Heilige Geist, der die Welt straft, kommt bei solchen Richtern hintendrein und erinnert sie ihrer ehemaligen Seufzer um die Wahrheit und ihrer jetzigen Starrsucht der Osiandrischen Orthodoxie, mit der er Arnd verdammt. O wer kann das Buch Osianders mit kaltem Blut lesen! Darum, ihr Lieben, merket auf; bekennet das Königreich, aber mit Lauterkeit der Wahrheit! Mischet nicht so viel Geist der Welt aus neuen Entdeckungen ein! Leset von dem Königreich; aber traget nichts darein von der Weltphilosophie; denn die Grundweisheit der Schrift hat diese nicht nötig! Dies sei genug von dem ersten Punkt. Ich eile jetzt rasch zu dem andern.

2. Vor der weltlichen Kunst, die Wahrheit zu drehen, sieht ein kluges Herz Davids die Ränke des Satans genau voraus. Dieser Ränke will ich nur zwei anführen. Erstens geht der Schlangenwitz Satans dahin, daß man sich vor der Beraubung der Weltweisheit nicht genug in acht nehme. Nehmt ein Beispiel an Lavater! Er hat Jesus lieb. Er wendet auch seine neuen Einsichten aus der Weltphilo-

sophie sehr vernünftig an. Allein, er fehlt dennoch, weil er die alte Einfalt, die schweizerische Geradheit, die hippokratische (Hippokrates, um 460—380) Schreibart der Heiligen Schrift zu viel hintansetzt. Seite 303 im dritten Teil der »Aussichten in die Ewigkeit« sagt er: »Sowenig sich das Licht hören und der Schall sehen läßt, so wenig läßt die eigentliche Beschaffenheit des überirdischen Lebens sich uns begreiflich machen«. Ich will nur das eine entgegensetzen: Jesus sagte seinen Jüngern: »Ihr werdet sitzen auf Thronen und richten die zwölf Geschlechter Israels«. Das ist ohne Auslegung jedem klar; das ist jedem begreiflich: Man wird sitzen auf Thronen in eigentlichem Sinn. Warum macht man unbegreiflich, was so begreiflich ist? Kaiphas hat Jesus angeklagt, daß er von dem ewigen Leben zu irdisch denke. Siehe des Clemens »Rekognitionen«. Das sind Ränke des Satans, wenn man das Begreifliche unbegreiflich macht. Nun hört einen andern Rank oder Umschweif Satans, den er den Schriftgelehrten einbläst. Therese von Bordeaux sagt sehr schön, daß unsere Sünden so viele Stiche in Jesus getan haben, als er erlitten hat. Siehe Meisters schöne Erklärung darüber, Seite 301 und 302! Diese Personen, weil sie als Mystiker verschrien sind, schämst du dich zu nennen. Das ist eine Methode des Satans. Da ziehst du deinen Schlangenkopf zurück und siehst die Folgen nicht. Du kannst Jesus mit Paulus verschweigen (Apg. 17,31). Du hast Freiheit; aber weil Jakob Böhme, weil Hans Engelbrecht verschrien sind, deshalb nennst du sie nicht, bekennst auch das Königreich Jesu vor Pilatus nicht; du schämst dich dieser verrufenen Mitglieder Jesu. Hier gilt Moses Wort (5. Mose 33,9; Matth. 12,48): »Wer zu seinem Vater sagt: ›Ich sehe ihn nicht‹, und zu seinem Bruder: ›Ich kenne ihn nicht‹, und zu seinem Sohn: ›Ich weiß nicht‹, die halten deine Rede«. Siehe 1. Korinther 1,27!

Damit dir aber das Bekenntnis von Jesu Königreich als der Wahrheit desto wichtiger werde, so bedenke, was 1. Petrus 5,8 steht: »Seid nüchtern und wachet! Euer Widersacher, der Teufel, geht umher wie ein brüllender Löwe.« (Er spielt dabei aber den Heiligen im Lammsüberzug.) »Dem widerstehet fest im Glauben und wisset, daß ebendieselben Leiden über eure Brüder in der Welt ergehen!« Stellt euch vor, was Paulus Kolosser 1,24 sagt, daß also, weil ebendie Leiden über die Brüder ergehen, die Leiden Jesu auch an deiner Person fortgesetzt werden, nämlich an seinem Leib, der Gemeine, und daß es für dich eine Ehre sei, daß du mit deinem Leiden auch dabei mitwirkest, das nachzuholen, was bis auf den letzten Bruder hinaus ausgefüllt werden muß. In diesem Sinn leide wie Hiob an deinem Teil! Nicht alle sind Paulus, nicht alle sind Hiob; aber alle Leiden, die vom Satan über die Brüder angesponnen sind, sind Erfüllungen dessen, was noch nachzuholen ist an Trübsalen. Nicht eben müssen es Märtyrer und wirkliche Blutzeugen sein, sondern du bist mit deinem freudigen Bekenntnis ebendas; du erfüllst in deinem kleinen Teil etwas von den Leiden Jesu in der Gemeinschaft der Brüder. Dies drücke sehr tief in dein Herz, dann wirst du es für lauter Freude halten, wenn Satan in deinem Teil alle seine Werkzeuge über dich anfeuert. Diese kannst du getrost an dich kommen lassen, wenn du mit diesem Leidenssinn, mit diesem Bekenntnis, gewappnet bist.

Wir leben in einer sehr schlüpfrigen Zeit, in der man unvermerkt von der Wahrheit ausglitscht. Wenn die allgemeinsten Wahrheiten der Sprüche Salomos nicht vom Licht der Natur und von der Heiligen Schrift bestätigt würden, sollten auch diese in Zweifel gezogen werden; denn es sind die letzten Tage, in denen die Menschen, die viel von sich selbst halten und mehr Wollust lieben denn Gott, gleichwohl einen Schein eines gottseligen Wesens haben, aber die Kraft verleugnen (2. Tim. 3,1—5). Solche soll man meiden und kann sie doch nicht meiden. Unter denen, die die Wahrheit bekennen, ist es sehr schlüpfrig, und gleichwohl bleibt das Gebot des Paulus (1. Tim. 6,13): »Ich gebiete dir vor Gott, der alle Dinge lebendig macht, und vor Jesus Christus, der unter Pontius Pilatus bezeugt hat ein gutes Bekenntnis, daß du haltest das Gebot der heiligen Lehre ohne Flecken, untadelig bis auf die Erscheinung unseres Herrn Jesus Christus«. Es gibt viele Demas, die sich an Paulus stoßen und wieder in die Welt gehen; aber dessen ungeachtet rufe ich euch zu, was man mir in einer großen Gemeine aus 1. Timotheus 5 zugerufen hat: »Ich bezeuge vor Gott und Jesus Christus, dem Herrn, und den auserwählten Engeln, daß du solches haltest ohne Eigendünkel und nichts tuest aus Vorneigung«. »Dem seligen und allein unumschränkten Könige sei Ehre und ewiges Reich« (1. Timotheus 6,15.16)! Amen.

Zusammenfassung: Vor dem geistlichen Gericht steht ein Jünger Jesu vieles aus, doch vor dem weltlichen Gericht äußerlich mehr, innerlich weniger. Alle besonderen Teile des Leidens Jesu betrachten, nutzt viel für das einfache Volk. Dieser Brief des Pilatus an den Kaiser Tiberius faßt es kurz. Die Kirche feiert die Fasten; aber wir das Leiden Jesu mit eigenen Übungen. Der Geist Jesu lehrt es einen jeden, dem es ernst ist, nach seinem Zustand, wie Melodius es schön lehrt. Für jetzt sollen wir im Umgang mit Bekehrten und Unbekehrten zeigen, daß wir mit Jesus im Leiden anstehen. *Wie wir unter viel Geduld und Langmut uns gegen die Welt und deren gewaltsames Verfahren verhalten sollen nach dem Vorbild Jesu vor Pilatus und Herodes 1. in Bekenntnis der Wahrheit bald mit klugem Stillschweigen, bald mit freudigem öffentlichem Zeugnis und Verantwortung gegen jedermann, der uns Anlaß gibt, 2. in kluger Voraussicht der Ränke des Satans, wobei wir tief ins Herz drücken sollen, daß wir im Leiden fortsetzen, was noch nachzuholen ist an Trübsalen am Leib Christi und daß wir uns ihrer nicht zu gering achten sollen.* 1. Wer sich ins Gebet Jesu, Johannes 17, stellt und bei allen irrigen Anhängigkeiten nicht aus der Welt ist, der bekennt die Wahrheit. Wie man sich vor den weltlichen Richtern verhalten soll, das lehrt einem Gott zu der Stunde, da man es bedarf. Der Heilige Geist straft die Welt. Man muß die Einmischung des Geistes der Welt bei dem Bekenntnis meiden. 2. Ein kluger Geist sieht Satans Schlangenlist in den Werkzeugen voraus 1., daß einige in den lautern Sinn Christi die weltlichen Meinungen mischen, 2., daß einige sich der verachteten Werkzeuge des Geistes Jesu schämen. Wie man diesem Übel abhelfen solle 1. durch 5. Mose 33,9, 2. daß man es als ein Leiden über alle ansehe, 3. daß man denke, man leide als ein Glied an dem Leibe Christi. Es ist eine gefährliche Zeit, darum muß man nach 1. Timotheus 6, 13 und 5, 21 den Sinn Christi desto lauterer bewahren.

SECHSTE PASSIONSPREDIGT

Wie Jesus durch Vollendung seiner Leiden alle Flüche von den Menschen genommen habe und wie diese auf die Ungläubigen wieder zurückfallen

TEXT: Da nahmen die Kriegsknechte Jesum, zogen ihm den Purpurmantel aus und zogen ihm seine eigenen Kleider an und führten ihn hin, daß sie ihn kreuzigten. Und er trug sein Kreuz und ging hinaus zur Stätte, die da heißt Schädelstätte, auf hebräisch Golgatha. Und als sie ihn hinführten, ergriffen sie einen Menschen, der vorüberging, mit Namen Simon von Kyrene, der vom Feld kam, der ein Vater war des

Alexander und des Rufus; den zwangen sie, daß er Jesus sein Kreuz nachtrüge, und legten das Kreuz auf ihn.
Es folgte aber Jesus nach ein großer Haufe Volks und Weiber, die beklagten und beweinten ihn. Jesus aber wandte sich um zu ihnen und sprach: »Ihr Töchter von Jerusalem, weinet nicht über mich, sondern weinet über euch selbst und über eure Kinder. Denn siehe, es wird die Zeit kommen, in welcher man sagen wird: Selig sind die Unfruchtbaren und die Leiber, die nicht geboren haben, und die Brüste, die nicht gesäugt haben! Dann werden sie anfangen zu sagen zu den Bergen: Fallet über uns! und zu den Hügeln: Decket uns! Denn so man das tut am grünen Holz, was will am dürren werden?« Es wurden aber auch hingeführt zwei andere, Übeltäter, daß sie mit ihm hingerichtet würden.
Und da sie an die Stätte kamen mit Namen Golgatha, gaben sie Jesus Myrrhe im Wein zu trinken; und da er's schmeckte, wollte er nicht trinken, und nahm's nicht zu sich. Allda kreuzigten sie ihn und mit ihm zwei Mörder, einen zu seiner Rechten und einen zur Linken, Jesum aber mitten inne. Da ward die Schrift erfüllet, die da sagt: »Er ist unter die Übeltäter gerechnet.« Und es war um die dritte Stunde, da sie ihn kreuzigten. Jesus aber sprach: *»Vater, vergib ihnen; denn sie wissen nicht, was sie tun.«*
Und oben zu seinen Häupten hefteten sie die Ursache seines Todes beschrieben. Pilatus nämlich schrieb eine Überschrift und setzte sie auf das Kreuz; und war geschrieben: »Jesus von Nazareth, der Juden König«. Diese Überschrift lasen viele Juden; denn die Stätte war nahe bei der Stadt, da Jesus gekreuzigt ward. Und es war geschrieben in hebräischer, griechischer und lateinischer Sprache. Da sprachen die Hohenpriester der Juden zu Pilatus: »Schreibe nicht: ›Der Juden König‹, sondern daß er gesagt habe: ›Ich bin der Juden König‹.« Pilatus antwortete: »Was ich geschrieben habe, das habe ich geschrieben.«
Die Kriegsknechte aber, da sie Jesum gekreuzigt hatten, nahmen sie seine Kleider und machten vier Teile, einem jeglichen Kriegsknecht ein Teil, dazu auch den Rock. Der Rock aber war ungenäht, von oben an gewirkt durch und durch. Da sprachen sie untereinander: »Lasset uns den nicht zerteilen, sondern darum losen, wes er sein soll«, auf daß erfüllet würde die Schrift, die da sagt: »Sie haben meine Kleider unter sich geteilt und haben über meinen Rock das Los geworfen.« Solches taten die Kriegsknechte. Und sie saßen allda und hüteten sein.
Das Volk aber stand und sah zu. Und die vorübergingen, lästerten ihn und schüttelten ihre Köpfe und sprachen: »Pfui dich, wie fein zerbrichst du den Tempel Gottes und bauest ihn in drei Tagen! Hilf dir nun selber! Bist du Gottes Sohn, so steig herab vom Kreuz!« Desgleichen auch die Hohenpriester spotteten sein samt den Schriftgelehrten und Ältesten und sprachen: »Andern hat er geholfen und kann sich selber

nicht helfen. Ist er Christus, der Auserwählte Gottes, der König von Israel, so steige er nun vom Kreuze, daß wir sehen, so wollen wir ihm glauben. Er hat Gott vertraut, der erlöse ihn nun, hat er Lust zu ihm; denn er hat gesagt: ›Ich bin Gottes Sohn‹.«

Aber der Übeltäter einer, die da gehenkt waren, lästerte Jesum und sprach: »Bist du Christus, so hilf dir selbst und uns!« Da antwortete der andere, strafte ihn und sprach: »Und du fürchtest dich auch nicht vor Gott, der du doch in gleicher Verdammnis bist? Und wir zwar sind billig darin; denn wir empfangen, was unsere Taten wert sind; dieser aber hat nichts Ungeschicktes getan.« Und er sprach zu Jesus: »Herr, gedenke an mich, wenn du in dein Reich kommst.« Und Jesus sprach zu ihm: *»Wahrlich, ich sage dir: Heute wirst du mit mir im Paradiese sein.«*

Es stand aber bei dem Kreuze Jesu seine Mutter und seiner Mutter Schwester, Maria, des Kleophas Weib, und Maria Magdalena. Da Jesus seine Mutter sah und den Jünger dabei stehen, den er lieb hatte, spricht er zu seiner Mutter: *»Weib, siehe, das ist dein Sohn!«* Darnach spricht er zu dem Jünger: *»Siehe, das ist deine Mutter!«* Und von der Stunde an nahm sie der Jünger zu sich.

Und es war um die sechste Stunde, und es ward eine Finsternis über das ganze Land bis an die neunte Stunde, und die Sonne verlor ihren Schein. Und um die neunte Stunde rief Jesus laut und sprach: *»Eli, Eli, lama asabthani?«* das ist: *Mein Gott, mein Gott, warum hast du mich verlassen?* Und etliche, die dabei standen, da sie das hörten, sprachen sie: »Siehe, er ruft den Elias.«

Darnach, da Jesus wußte, daß schon alles vollbracht war, daß die Schrift erfüllet würde, spricht er: *»Mich dürstet!«* Da stand ein Gefäß voll Essig; und bald lief einer unter ihnen, nahm einen Schwamm und füllte ihn mit Essig und steckte ihn auf ein Rohr von Ysop und tränkte ihn. Die andern aber sprachen: »Halt, laß sehen, ob Elias komme und ihm helfe!« Da nun Jesus den Essig genommen hatte, sprach er: *»Es ist vollbracht!«* Und rief abermal laut und sprach: *»Vater, ich befehle meinen Geist in deine Hände!«* Und als er das gesagt, neigte er das Haupt und verschied.

Und siehe da, der Vorhang im Tempel zerriß in zwei Stücke, von oben an bis unten aus. Und die Erde erbebte, und die Felsen zerrissen, und die Gräber taten sich auf, und standen auf viele Leiber der Heiligen, die da schliefen, und gingen aus den Gräbern nach seiner Auferstehung und kamen in die heilige Stadt und erschienen vielen.

Aber der Hauptmann, der dabei stand ihm gegenüber, und die bei ihm waren und bewahrten Jesum, da sie sahen das Erdbeben, und daß er mit solchem Geschrei verschied, erschraken sie sehr und priesen Gott und sprachen: »Fürwahr, dieser ist ein frommer Mensch und Gottes Sohn gewesen!« Und alles Volk, das dabei war und zusah, da sie sahen, was da geschah, schlugen sich an ihre Brust und wandten wieder um.

Es standen aber alle seine Bekannten von ferne und die Weiber, die ihm aus Galiläa nachgefolgt waren und ihm gedient hatten, und sahen das alles, unter welchen war Maria Magdalena und Maria, Jakobus des Kleinen und des Joses Mutter, und Salome, die Mutter der Kinder des Zebedäus, und viele andere, die mit ihm hinauf gen Jerusalem gegangen waren.
Die Juden aber, dieweil es der Rüsttag war, daß nicht die Leichname am Kreuze blieben den Sabbat über (denn desselben Sabbats Tag war groß), baten sie Pilatus, daß ihre Beine gebrochen und sie abgenommen würden. Da kamen die Kriegsknechte und brachen dem ersten die Beine und dem andern, der mit ihm gekreuzigt war. Als sie aber zu Jesus kamen und sahen, daß er schon gestorben war, brachen sie ihm die Beine nicht, sondern der Kriegsknechte einer öffnete seine Seite mit einem Speer, und alsbald ging Blut und Wasser heraus. Und der das gesehen hat, der hat es bezeugt, und sein Zeugnis ist wahr; und dieser weiß, daß er die Wahrheit sagt, auf daß auch ihr glaubet. Denn solches ist geschehen, daß die Schrift erfüllet würde: »Ihr sollt ihm kein Bein zerbrechen.« Und abermals spricht eine andere Schrift: »Sie werden sehen, in welchen sie gestochen haben.«
Und siehe, am Abend, dieweil es der Rüsttag war, welcher ist der Vorsabbat, kam ein reicher Mann von Arimathia, der Juden Stadt, mit Namen Joseph, ein ehrbarer Ratsherr. Der war ein guter, frommer Mann und hatte nicht gewilligt in ihren Rat und Handel; er wartete auch auf das Reich Gottes und war ein Jünger Jesu, doch heimlich aus Furcht vor den Juden. Der wagte es und ging hinein zu Pilatus und bat ihn um den Leib Jesu. Pilatus aber verwunderte sich, daß er schon tot war, und rief den Hauptmann und fragte ihn, ob er schon lange gestorben wäre. Und als er es erkundet von dem Hauptmann, befahl er, man sollte Joseph den Leichnam geben. Und er kaufte eine reine Leinwand, kam und nahm den Leichnam Jesu herab. Es kam aber auch Nikodemus, der vormals bei der Nacht zu Jesus gekommen war, und brachte Myrrhe und Aloe untereinander bei hundert Pfunden. Da nahmen sie den Leichnam Jesu und banden ihn in leinene Tücher mit den Spezereien, wie die Juden pflegen zu begraben.
Es war aber an der Stätte, da er gekreuzigt ward, ein Garten und im Garten ein neues Grab, das eigene Grab des Joseph, welches er hatte lassen in einen Fels hauen, in welches niemand je gelegt war. Dahin legten sie Jesum um des Rüsttags willen der Juden, weil der Sabbat anbrach und das Grab nahe war. Es folgten aber Maria Magdalena nach und Maria, des Joses Mutter, und die Weiber, die mit ihm gekommen waren aus Galiläa. Die setzten sich gegen das Grab und schauten zu, wo und wie sein Leib gelegt ward. Und Joseph wälzte einen großen

Stein vor die Tür des Grabes. Und sie kehrten um und bereiteten Spezerei und Salben. Und den Sabbat über waren sie stille nach dem Gesetz. Des andern Tages, der da folgt nach dem Rüsttage, kamen die Hohenpriester und Pharisäer sämtlich zu Pilatus und sprachen: »Herr, wir haben gedacht, daß dieser Verführer sprach, da er noch lebte: ›Ich will nach drei Tagen auferstehen‹. Darum befiehl, daß man das Grab verwahre bis an den dritten Tag, auf daß nicht seine Jünger kommen und stehlen ihn und sagen zum Volk: Er ist auferstanden von den Toten; und werde der letzte Betrug ärger denn der erste.« Pilatus sprach zu ihnen: »Da habt ihr die Hüter; gehet hin und verwahret, wie ihr wißt!« Sie gingen hin und verwahrten das Grab mit Hütern und versiegelten den Stein.

Schrecklich zu hören ist, daß 5. Mose 30, 7 angekündigt wird: »Alle diese Flüche wird der Herr, dein Gott, auf deine Feinde legen und auf die, die dich hassen und verfolgen«. Unser Heiland hat alle Flüche in einem Punkt getragen; aber alle diese Flüche, weil die Ungläubigen sich nicht an die Versöhnung gekehrt haben, fallen auf sie zurück und verursachen die verschiedenen Stufen des Elends und Gerichts über die Verlorenen. Gott muß es richten wegen seiner Heiligkeit, daß die Menschen das Heil Gottes verschmäht haben; aber das Gericht ist sehr wunderbar ausgeteilt teils hier schon, teils nach dem Tod, teils nach der Auferstehung in den feurigen und finstern Elementen der kältesten und heißesten Teile des Erdbodens, wo das Gericht als dem Ort des Vergehens* zur Schande der Lästerungen des Teufels auf sehr verschiedene und uns derzeit unbekannte Art gehalten werden wird, wobei wir genug haben, wenn wir uns an die Bekanntmachung der deutlich beschriebenen Gerichte oder zurückfallenden Flüche halten. Laßt uns demnach betrachten, wie Jesus durch Vollendung seiner Leiden alle Flüche von den Gläubigen weggenommen hat, wie diese Flüche auf die Ungläubigen aber wieder zurückfallen und die Hölle und die Gerichte Gottes ausmachen werden!

Die eigentliche Hölle geht erst an nach dem Ausspruch des Richters Jesus: »Geht hin von mir, ihr Verfluchten, in das ewige Feuer« (Matth. 25,41), die ihr euch meines Segens und Verdienstes unfähig gemacht habt! Zwar wird der reiche Mann nach dem Tod als in der Hölle seiend beschrieben; allein, die Zeit wird nicht bestimmt, wann die Qual ihren Anfang genommen hat. Es heißt nur ganz ins all-

* Original: loco delicti

gemeine: »Als er in dem Hades und in der Qual war«. Lazarus war im Schoß Abrahams; der reiche Mann war im Behältnis derer, die unselig gestorben sind. Die in der Sintflut Ersoffenen waren auch nicht gleich in der eigentlichen Hölle, sondern in ihren Gefängnissen, in die Christus hinabgefahren ist, ihnen Evangelium zu verkündigen, daß sie künftig zwar gerichtet werden sollen nach Menschenart im Fleisch, aber nach Gottes Art leben im Geist, wenn sie die Strafe ausgestanden haben werden.

Nun gehen bei einigen die Strafen eher an als bei andern; doch sind die Strafen weit unterschieden in dem Schwefelpfuhl, wohin die Rebellen kommen, und dann in den Strafplätzen außerhalb der Stadt Gottes, wo sie durch die Blätter vom Holz des Lebens noch gesund werden können. Sie tragen alle den Fluch, der auf die Ungläubigen zurückfällt; aber anders fällt der Fluch auf die großen Rebellen und Lästerer des Geistes, anders auf die, die die Gelegenheit des Unterrichts nicht gehabt haben. Denen geht es erträglicher. Lavater beschreibt im dritten Teil seiner »Aussichten« den Zustand der Verdammten nur überhaupt (d. h. ins allgemeine, ungenau), was ihm doch, Seite 112, das unerträglichste Wort ist. In seinen Meinungen von der Physiognomik leidet er kein Überhaupt; aber in den Bestimmungen der Schrift verfährt er sehr überhaupt, besonders Seite 312 in der Beschreibung des Zustandes der Verdammten. Alles läuft darauf hinaus: »Sie werden empfinden, daß das Urteil des Richters wahr sei. Sie werden sich als Verfluchte ansehen, nicht als ob sie Jesus verflucht hätte, sondern weil sie sich selber zu Gefäßen des Zorns gemacht haben. Sie werden um ihrer teuflischen Natur willen den Glanz und das Licht Gottes nicht ertragen können. Sie werden von ferne und von nahem das Licht Gottes zuweilen erblicken, aber Pein davon leiden; ihre Scham über ihre innere Verdammniswürdigkeit und abscheuliche Gestalt, die sie aus dem Vergeltungsrecht an sich tragen, wird sie mehr als der Ausspruch des Richters demütigen.« Er beschreibt aber ihren Körper allzuviel überhaupt. Die Heilige Schrift gibt genauere Anzeigen. Der Körper und der Ort der Qual grenzen aneinander. Er setzt den Ort in den finstern Mittelpunkt eines Weltkörpers; er meldet keinen Unterschied zwischen der äußersten Finsternis und Kälte, in die etliche geworfen werden, und zwischen dem feurigen hitzigen Schwefelfeuer, in dem ihre Leiber doch unverbrennlich und etlicher Empfindungen, die wir hier haben, unfähig sind, wo gleichwohl von den

Exkrementen der Geschöpfe ein abscheulicher Gestank ausgeht. Ihr Geschäft wird nicht beschrieben, und doch müssen sie Geschäfte haben, an denen sie merken, wie sie vornehmlich wider die Menschheit Jesu gesündigt haben. Ihre Gesellschaften werden sehr »überhaupt« beschrieben. Der Freigeist (esprit fort) des Herrn von Muralt in den »Briefen über die Engländer und Franzosen« (vergl. die Predigt vom 1. Sonntag nach Trinitatis im Weinsberger Predigtbuch!) beschreibt diese Gesellschaften aus lebhaften Empfindungen. Im Jahr 1753 ist ein besonderes Werklein von etlichen Blättern in den Druck gekommen, von dem ich auf einem besonderen Blatt einen Auszug gegeben habe. In den Menschen hat der Teufel seine Natur eingewirkt, daß er Gott von seinem Thron stürzen würde wie Struensee, wenn er glückliche Schickungen dafür vorfände. Von dieser teuflischen Gesinnung werden die Seelen durchs Wort der Wahrheit frei; andere hingegen fahren fort und treiben es so hoch, als sie können. Diese sind Lästerer des Geistes, und ihre Schuld ist so groß, daß nicht nur ihre eigene Bosheit, sondern alles Blut, das sie hätten vergießen können, von ihnen gefordert wird (Matth. 23, 34.35).

Nun merket wohl, was Jesus für Flüche und Schmachreden, mit denen man Gott geschmäht hat, auf sich genommen hat! Wir stellen euch demnach vor,

1. wie Jesus durch die Vollendung seiner Leiden alle Flüche getragen und weggenommen hat von denen, die sein sind, ja von allen, die sein Leiden für nichts geachtet haben, 2. wie diese Flüche aber zurückfallen werden auf alle Arten von Ungläubigen, vom geringsten bis zum größten Rebellen und Empörer wider Gott.

Du gedenkst freilich, daß wir Staub sind, und wir können es nicht mit deiner Liebe reimen, daß du, o ewige Liebe, solche Folgen aus den Lastern der Bösen zulässest. Weil aber deine Größe und Heiligkeit so unausdenklich ist, müssen wir stillschweigen, daß du Flüche auf die Verächter deiner unausdenklichen Liebe zurückfallen lässest. Wir können kaum etwas Weniges denken, außer was du, Gott der Propheten, uns deutlich und handgreiflich zu begreifen hinterlassen hast. Das drücke uns durch alle Vorfälle bei den Leiden Jesu tief ins Herz. Amen.

1. Nun, liebe Zuhörer, lernt, wie die Hölle und das Kreuz Jesu, an dem Jesus vom Gesetz verflucht war, sich zusammen verhalten. Die Hölle ist das Behältnis der zurückgefallenen Flüche, die Jesus

getragen hat, und von denen sich die Bösen nicht haben losmachen wollen. Jesus hatte am Kreuz die ganze Hölle und alle Flüche auf sich; nun wird aus den Flüchen die Hölle. Seht doch, wie die Punkte unseres heutigen letzten Passionsabschnittes zusammenstimmen, das Leiden des Heilandes zu vollenden, bis an sein großes Wort: »Es ist vollbracht!« damit die Flüche von uns wegkämen und wir Erlöste werden von Sünde, Tod, Teufel und Hölle.

Bedenke nun eins nach dem andern, damit du sehest, wie du vom Fluch und von den Strafen der Sünden los wirst und wie dich dies am Ende des Lebens mehr als alle Gesichte der Herrlichkeit trösten muß! Vor allem mußt du wissen, was der Fluch innerlich, nicht nur äußerlich sei. Gott sprach zu Adam: »Verflucht sei die Erde um deinetwillen!« Was geschah? Sein Leib wurde grob, plump und irdisch; das heilige Wesen der Herrlichkeit wich von dem Gewächs der Geschöpfe, von der Wurzel, aus der das Geschöpf entsteht. Der Mensch wurde Erde, Feuer, Wasser, Luft in einer widerwärtigen Temperatur. Daher kamen Dornen und Disteln und grimmige Tiere und alle Widerwärtigkeit in Erde, Wasser, Feuer und Lüften. Wir sehen, daß die Erde durchs Feuer, das Wasser durch Fäulnis, die Luft durch große Winde und das Feuer durch neues Leben der Herrlichkeit gereinigt wird. Daher kann man den Fluch nicht moralisch verstehen, sondern aus den Elementen, aus den Salzen. Das heilige Element durchdrang die irdischen Elemente; allein, im Fluch wich das heilige Element wieder zurück. Der Mensch muß dem irdischen Willen absterben wie Jesus im Ölgarten; denn da gab Jesus seinen Willen in das Absterben, aber mit vielem Kampf. Der Fluch lag auf ihm nach Seele und Leib; aber die vier Elemente des irdischen Leibes Jesu mußten sich auseinanderscheiden, da er blutigen Schweiß schwitzte. Hernach ging alles andere Leiden in Kraft dieser Ergebung zu Ende, daß der Fluch nach allen äußerlichen Beschaffenheiten wieder zu weichen anfing, zuerst im Willen und in der Schätzung Gottes, hernach wirklich, weshalb bei dem Augenblick seines Todes und noch vorher Finsternis entstand und aus der Finsternis die neue Bewegung in den Felsen und den Steinen, in dem Vorhang und allen Elementen. Hier kannst du dir einigen Begriff von dem Fluch machen.

Nun denke nach, wie durch die letzten in zwölf Punkten bestehenden Leiden Jesu, wie sie nach der Ordnung unseres heutigen Textes sich zugetragen haben und unter denen Jesus allen innerlichen Fluch äußerlich bezeichnet trug, der Fluch weggenommen wird! Nicht, als ob du es augenblicklich spüren könntest, nein, sondern weil es einmal vollbracht ist, deshalb wird es dir in deiner Ergebung ins Absterben angerechnet, als wäre physischer- (wesentlich) und elementischerweise schon aller Fluch von dir weg, wenn schon du Sünde und Verderben und Satans Eingriffe noch fühlst. Nun werden dir deine inbrünstigen Betrachtungen über die zwölf Punkte der vollendeten Leiden zu lauter Segen, zu lauter Kennzeichnen, daß du von Gott zu den Seinen gezählt seiest. Denke, wie deiner Sündengänge vor deiner Ergebung in Gottes Willen so viele waren! Denke daran, als Jesus zum Tode geführt wurde, daß du als ein armer Sünder nach der peinlichen Ordnung (des Strafvollzugs) hättest zum Tod geführt werden sollen, weil deine Sünden alles angerichtet haben! Wir haben Pilatus die Geißel in die Hand gegeben, wir führten Jesus ins Richthaus, wir setzten die Dornenkrone auf sein Haupt, wir zogen ihm seine Kleider aus und unsere wüsten an. Nun sei du Simon, trage ihm sein Kreuz nach innerlich, tu, was dich am sauersten ankommt zuerst, Jesus zur Ehre! Weine über dein Elend, solang du noch so viel reizende Triebe zu Narrenteidingen in dir findest, wie Jakobus sagt: »Dein Lachen mit Spotten und Scherzen verkehre sich in Ernst und Weinen!« Laß dir Jesus hierüber noch vieles sagen!

Jesus kommt an den Ort der Kreuzigung: Geh mit der Sulamith zu dem Myrrhenberg; geh mit Johannes und Maria dahin! Merke, hier ist der Ort, der durch den Vorgang mit Isaak vor vielen hundert Jahren bezeichnet worden ist! Hier kannst du durch viele Überwindungen deiner herrschenden Neigungen oder deiner schmeichelnden Meinungen den Ort haben, du seiest, wo du willst, wo dir der himmlische Vater den Berg Sinai mit seinem donnernden Gesetz zum Berge Zion macht (2.Mose 19,11; Hebr. 12,21.22). Auf dem Berg Garizim wurden die grausamen Flüche ausgerufen (5.Mose 11,29); hier auf Golgatha werden alle Flüche abgetan. Hier lernen wir die rechte Zurechnung Gottes einsehen: »Wer gestorben ist, der ist gerechtfertigt von der Sünde« (Römer 6,7). Hüte dich vor der falschen Zurechnung der Welt! Die ist dein Gift und Tod. Hier lerne, die Fürbitte Jesu dir zu eigen zu machen; hier lerne die unwissenden Lästermäuler wider dich mit erbarmender Liebe ansehen! Sie wissen nicht, was sie tun; wenn sie aber dennoch fortfahren, so ziehen sie den Fluch aufs neue an wie ein Hemd. Auch noch am Kreuz wird Jesus gelästert; so geht es auch dir über der Wahrheit und deinem Zeugnis. Auch hier sage: »Vater vergib ihnen!« bis die Zeit kommt, daß sie eine Sünde zum Tod begehen.

Weil sich der Mörder, der ihn anfangs auch darum angesehen hatte, ihm herabzuhelfen, bekehrt hat, deshalb lerne die am Ende sich Bekehrenden richtig zu beurteilen! Es lag viel guter Sinn in dem Schächer. Das kommt solchen am Ende zustatten; da kann Gott den Fluch von dergleichen Sündern wegnehmen, den er denen angedroht hat, die es (nach Sprüche 1) bis ans Ende anstehen lassen. Der Mörder sah vielleicht die Überschrift des Pilatus in drei Sprachen mit besonderen Augen an: »Jesus von Nazareth, der Juden König«. Ihm gingen die Augen auf. Er überdachte die wunderbare Sache; er glaubte, Jesus werde zu seinem Reich kommen, und da werde er, ob er schon jetzt die Sünde der Welt trägt, dort Gnade austeilen und an die gedenken, die sich ihm an den Orten ihrer Gebetsstätten empfohlen haben. Das Wort »heute« wird auch dir gesegnet sein, wenn du denkst: Vielleicht werde ich durchs Tal des Todes mit dem Stecken und Stab des Hirten Jesus getrieben; ich werde nach und nach aufsteigen nach des Irenäus Lehre; ich werde Jesus folgen müssen in der Ordnung der Seligkeit. Er selbst mußte vorher in die untersten Örter der Erde fahren; er mußte, ehe er zum Vater kam, ins Paradies reisen ohne seinen Leib. Da kann dir das Wort Jesu zum Trost werden: »Heute wirst du (wenn du meinst, lang hinaus erst zu dem bestimmten Grad der Seligkeit zu kommen) mit mir im Paradies oder daheim bei mir sein«. Du bleibst in einerlei Sinn mit Johannes und Maria; du gehst nicht weg vom Kreuz Jesu. Da siehst du mit festem Sinn die Erfüllung der Verheißungen Gottes. Da siehst du, wie die Finsternis über andere kommt; du aber bist in der Wahrheit. Und wenn du siehst, daß Jesus ausruft: »Mein Gott, mein Gott, warum hast du mich verlassen?« so siehst du hierin die rechte Art, durch die eigentlich die Flüche von den Gläubigen genommen werden. Wenn du mitten in der Finsternis von durcheinanderlaufenden Gedanken bist, so siehst du mit Johannes das Licht und wandelst im Licht, wenn du die Gemeinschaft der Heiligen unter dem Kreuz erneuerst. O wie einen gütigen Ausleger deiner noch schwachen Gesinnungen hast du an Jesus! Ihn dürstet nach aller Seelen Heil; aber zum Zeichen der essighaften, rauhen, herben, bitteren Flüche trinkt Jesus den Essig der widerwärtigen Elemente. Er heiligt das ganze Geschöpf, wirft den Ekel von ihm ab und gebietet dem Teufel, daß er durch das Gericht die Herrschaft über die Naturordnung verliere. Merkwürdig ist, daß sogleich nach dem Essig, nach dem letzten Geschmack des Fluchs in den Elementen, er gesagt hat: »Es ist vollbracht!« und daß er darauf seinen Geist in die Hände des Vaters empfohlen hat. Hier sind alle Flüche aufgehalten. Alles dies erlöst dich vom Fluch durch die Gnade Jesu.

2. *Nun laßt uns noch etwas davon mit kindischen Begriffen sagen, daß die Flüche, die Jesus auf Golgatha auf einen Tag wie am Versöhnungsfest von denen, die an sein Wort glauben, weggenommen hat, wieder zurückfallen auf alle Arten von Ungläubigen.*

Der große Unterschied der mancherlei Ungläubigen ist an den unreinen Tieren vorgebildet. Auch *vor* dem Fluch war ein großer Unterschied unter den Tieren. Die zahmen hatten mehr von dem heiligen Element; die wilden hatten mehr von den widerwärtigen Elementen. So gibt es auch mancherlei Arten der Ungläubigen. In ihrer Gesichtsbildung liegt der Grund von den Essenzen, in denen ihre Seele gezeichnet ist; aber die Aufhebung des Fluchs hat verursacht, daß die Zeichnung der Gesichtsbildung nicht mehr über sie herrschen kann. Der geheime Rat Maskowsky, der von meiner Vaterstadt Göppingen war, den meine Mutter genau kannte, war der größte Physiognomiker; er sagte aber aus Erfahrung, wenn ein Mensch einen freiwilligen Vorsatz zum Leben fasse, dann könne man ihm nicht mehr aus der Gesichtsbildung wahrsagen. Davon ist die Ursache die Aufhebung des Fluchs. Gläubige herrschen durch den Glauben über die Elemente; aber die nicht glauben und den Fluch Christi, da er war ein Fluch für uns, ihres Nachdenkens nicht würdigen, fallen wieder unter die Herrschaft der Bezeichnungen. Da heißt es bei manchen: Die Übeltäter sind verkehrt von Mutterleibe an; ihr Wüten ist wie das Wüten einer Schlange, die ihr Ohr zustopft, daß sie nicht höre die Stimme der zusammengesetzten, über die Elemente herrschenden Worte eines Weisen (vgl. Psalm 58,4—6). Sie kehren ihr Ohr davon ab, darum fallen sie dem Fluch der Natur wieder heim. Davon wissen wir sehr wenig; Gott hat aber durch den ersten Engel des ewigen Evangeliums (Offb. 14,6.7) Mittel genug gegeben, der Sache besser nachzudenken. Allein, viele stopfen ihr Ohr zu, weil sie nichts davon wissen wollen. Genug, daß Mose gesagt hat: »Alle Flüche wird der Herr, dein Gott, auf deine Feinde legen« (5.Mose 30,7). Daraus entstehen nun die mancherlei Stufen der Strafen im Leben, im Tod und in der Auferstehung zum

Gericht. Das überlassen wir dem Herrn, dem großen Baumeister seines Tempels, durch den Gott alle zukünftigen Dinge ordnet, der die Schlüssel der Hölle und des Todes hat (Offb. 1,18). Genug, in ihm ist alle Wissenschaft der verborgenen Schätze. Die Gläubigen, die seines Leibes teilhaftig sind, werden es wissen, ohne die neuen Entdeckungen zu kennen. Sie werden die Welt und die Engel richten. Diese müssen die Wissenschaft des einen Elements der Herrlichkeit Gottes und des Abfalls und des Fluchs in einem Punkt beisammen haben. Jetzt haben wir nur so viel nötig, als zum Glauben gehört.

Die Art und Weise, wie die Flüche zurückfallen, begehren wir jetzt nicht zu wissen; es würde uns hindern an notwendigeren Lehren. Wir wählen die Einfalt Jesu, der als Pilgrim nicht vor der Zeit wissen wollte, was für unsern Zustand nicht taugt. Gott wird zu seiner Zeit so viele Einsicht ins Nötige geben, wie uns für jedes Geschlecht gehört. Ich nehme mir viel aus den Worten Gottes zur Lehre heraus (Jes. 42): »Höret, ihr Tauben, und schauet her, ihr Blinden, daß ihr sehet! Wer ist so blind wie mein Knecht (in den Tagen seines Fleisches), und wer ist so taub als mein Bote, den ich sende? Wer ist so blind wie der Vollkommene und so blind wie der Knecht des Herrn?« Jesus wollte gewisse Dinge, vor denen die Gelehrten nach dem Spruch Lukas 12,2 billig großen Respekt haben sollen, nicht wissen. Und darin besteht die Weisheit der wahrhaftig Gelehrten, daß sie wissen, was man für jede Zeit wissen soll, und daß sie nicht wissen wollen, was sie hindert. Gott wird Leute erwecken, die die undeutlichen Worte des ersten Engels im ewigen Evangelium klarmachen. Nur müssen wir unser Ohr nicht zustopfen vor dem, was auch den Laien zum Verstand der dunklen Worte des Neuen Testaments klar ist. Einigen nützt es, wenn sie es lernen; einigen schadet es, wenn sie aus Fürwitz zu viel wissen wollen.

Von den Strafen der Ungläubigen, von den zurückfallenden Flüchen haben wir genug Spuren im Neuen Testament. Laßt uns diese zusammenlesen, so werden wir Jesus darüber ehren, daß er uns von dem Fluch des Gesetzes befreit und uns dagegen so viel eröffnet hat, daß die Gläubigen genug haben an den Worten des verborgenen und doch offenbaren Heilandes! Jesus Christus sei gelobt für alle seine ewige Gnade! Amen.

Zusammenfassung: Flüche, die Jesus auf sich genommen hat, fallen wieder auf die Ungläubigen zurück. Daher kommt das Gericht, das in eben dem Ort gehalten wird, wo die Verbrecher Gott geschmäht haben, woraus die Hölle entsteht. Die eigentliche Hölle ist nicht gleich nach dem Tod. Die großen Rebellen und beflissenen Widerchristen kommen in die eigentliche Hölle; andere aber sind Kranke außerhalb der Stadt Gottes und tragen ihr Gericht. Beschreibung des Zustands der Verdammten von Lavater. Grund der Strafen, weil die Rebellen Gott vom Thron stoßen wollten. Daher werden ihnen alle möglichen Schulden zugerechnet. *1. Wie Jesus durch die Vollendung seiner Leiden alle Flüche getragen und weggenommen hat von denen, die sein sind, ja von allen, die sein Leiden für nichts geachtet haben, 2. wie diese Flüche zurückfallen werden auf alle Arten von Ungläubigen, vom geringsten bis zum größten Rebellen und Empörer wider Gott.* 1. Hölle und Kreuzestod Jesu sind einander ähnlich, weil im Kreuzestod alle Flüche auf Jesus gelegen haben, also auch die Höllenstrafen. Was eigentlich Fluch sei. Fluch ist in den Elementen; dieser ist im Tod Jesu weggenommen worden. Damit du keinen Fluch mehr tragen dürfest, mache dir die zwölf Punkte zunutz: 1. in deinen bösen Gängen, 2. im Tragen des angeborenen Elends, 3. in wirklicher Mitkreuzigung deiner bösen Begierden, 4. im Genuß der Zurechnung, 5. in Anwendung der Fürbitte Jesu, 6. in Zurückerinnerung dessen, was du unbekehrt gelernt hast, 7. in rechter Einsicht dessen, was Jesus nach dem Tod an dir wirkt, 8. in beständigem Aushalten in Trübsalen und Verlassung, 9. in Gemeinschaft der Heiligen, 10. in Betrachtung des Durstes Jesu, 11. in Anwendung, was aus Jesu Seite geflossen, 12. in der Ruhe im Grab. 2. Das Zurückfallen der Flüche ist nicht zu erklären; genug, daß es auf mancherlei Art geschieht. Vielleicht nach dem Gebrauch der Gesichtszüge. Daß die Physiognomie bei Bekehrten sich verändert, ist der Aufhebung des Fluchs zu danken. Viele bleiben verkehrt und nehmen nichts an. Die Sache erfordert Nachdenken; wir wollen jedoch nicht zu viel wissen und dennoch zusammenlesen, soviel man findet.

Christen sind aus der Nacht in den Tag versetzt

Evangelium: Matthäus 21, 1–9; Epistel: Römer 13, 11–14

1. Jesus Christus, der Aufgang aus der Höhe, der helle Morgenstern aus dem Himmel, hat uns besucht. Seine Hoheit zu verbergen, ritt er bei seiner ersten Zukunft in Jerusalem auf einem Esel ein, damit er die, die seinen verborgenen Glanz unter dieser Decke im Glauben erkennen, bei seiner zweiten Zukunft auf weißen Pferden daherführe (Offb. 19,14). Weil er auf dem Esel geritten kam, sollte man daran denken, als ein Armer habe er nichts von dem Seinen mitgebracht; aber er brachte das Innerste der Kraft Gottes, die allersüßeste Liebe mit, aus der das allersüßeste Wort geflossen ist: »Siehe, dein König kommt zu dir!« Die ganze Anstalt des Alten Testaments wird in der Epistel eine Nacht genannt, wieviel mehr ist euer voriger unbekehrter Wandel eine Nacht gegenüber dem mit der Zukunft Jesu angebrochenen Tag, in dem wir jetzt als Kinder des Lichts, mit Jesus Christus selbst angezogen, wandeln können. Freuet euch demnach, die ihr aus der Nacht in den Tag versetzt worden seid, und werfet alle Traurigkeit weg, die euch hindert, mit Freudigkeit vor Jesu Angesicht im Glauben zu wandeln!

2. Wenn es so zuginge mit der Bekehrung, daß man aus einer unterirdischen finsteren Höhle an den hellen Tag geführt würde, dann wäre es mit der Gläubigen Erleuchtung bald geschehen; wir würden auch mehr wahre Christen haben, als wir haben. Aber dies ist nur eine Gleichnisrede. Unser Verstand ist Nacht. »O wie viel blinde Nacht ist in sterblichen Herzen!«* Die Erleuchtung der Nacht geschieht nicht so plötzlich, wie wenn man in ein finsteres Gemach ein Licht bringt. Jesus kam in die Welt, um die Menschen zu lehren. Die Lehre ist das Licht; und wer mit der Lehre recht umgehen kann, der bringt Tag in die Herzen. Wenn man ein Kapitel liest, dann muß man es im Zusammenhang lesen, man muß alles zusammen in einen Fluß der Gedanken bringen. Ehe dies geschehen kann, muß man die ganze Epistel zergliedern, in ihre besonderen Teile zerlegen und das Zerlegte in Gedanken wieder zusammen-

* Proh quantum mortalia pectora caecae noctis habent!

fassen. Der ganze Brief an die Römer ist nach dem ersten Blick und Direktionsgedanken (in kurzem Aufriß) im 1. Kapitel, Vers 16, enthalten, wo der erste Hauptgedanke ist, daß das Evangelium eine Kraft Gottes sei durch Offenbarung der gütigen Gerechtigkeit Gottes im Gegensatz zu der Offenbarung des Zorns vom Himmel. Der andere Gedanke ist, daß diese Offenbarung Gottes selig macht, und der dritte, daß diese Seligkeit Juden und Heiden, ja alle Menschen angehe. Den ersten Gedanken wickelt er aus, indem er Juden und Heiden vors Gericht stellt und sagt, sie seien alle durchs Gesetz verurteilt (Kap. 1—4); den andern wickelt er aus Kapitel 5—8, wo er zeigt, wie man rechtsbeständig gerecht erklärt werden müsse, wenn man vom Zorn Gottes zur Versöhnung und Gerechtigkeit flieht, die, wie der Tod alle, so auch das Leben alle durchdrungen hat, und daß man durch die Taufe sich nicht mehr zu sündigen verpflichtet habe. Den dritten Gedanken wickelt er aus, indem er zeigt, daß die Juden zwar verworfen, aber nach Gottes Vorsatz wieder angenommen seien, damit Juden und Heiden nur *ein* Volk wären.

3. Nun lernet selber nachzudenken, wie Römer, Kapitel 13, Vers 11—14, mit dem zweiten Teil zusammenhänge, nämlich: Wandelt in dem Licht des erworbenen Heils und der erworbenen Seligkeit, weil jetzt die Zeit des Advents Jesu ist und nicht mehr die Zeit der Finsternis, in der ihr bisher gewandelt habt. Bedenkt eure vorige Nacht und euren jetzigen Tag des Heils!

AM CHRISTFEST

Reizung und Antrieb, die allen erscheinende Gnade zur Reinigung von der Sünde zu gebrauchen

Evangelium: Lukas 2, 1—14; Epistel: Titus 2, 11—14

1. Als Jesus Christus geboren war und er an dem verächtlichen Ort in dem Stall zu Bethlehem in Windeln gewickelt dalag, da trat der Engel des Herrn des Nachts zu den Hirten, und die Klarheit des Herrn machte es Tag; sie aber fürchteten sich. Der Engel aber sprach: »Hinweg mit aller Furcht! Freude verkündige ich euch, die allem Volk widerfahren wird.« Und die Menge der himmlischen

Heerscharen war gleich auch da, und diese sangen: »Ehre sei Gott in der Höhe, Friede auf Erden, und unter den Menschen sei nun lauter Wohlgefallen!« Diesem Evangelium ist die Epistel ganz ähnlich: »Es ist erschienen die heilsame Gnade Gottes allen Menschen«. Gnade und Wohlgefallen, die den Hirten alle Furcht hinweggestrichen haben, gehört allen Menschen zu. Diese Gnade, die nun statt der leiblichen Gegenwart Jesu zugegen ist, unterweist uns wie ein Vater sein Kind, daß wir wegräumen das weltliche Gepräng und an den Stall der Geburt Jesu gedenken, damit wir nun der Erscheinung der Herrlichkeit des großen Gottes und unsers Heilandes Jesus warten, der sich selber für uns gegeben hat, daß er uns sich zum Eigentum losmache von aller Ungerechtigkeit. O wie nahe sollen wir uns die Herrlichkeit Gottes, von der Höhe auf Erden kommend, vorstellen! Gott in der allerhöchsten Höhe ist verherrlicht durch die allerniedrigste Geburt Jesu, und eben diese Verherrlichung Gottes kommt wieder auf die Erde. Die himmlischen Heerscharen, die die Sterne besser zählen können als wir, reden so, als wenn keine Sterne wären, sondern als wenn nur die Erde allein darum da wäre, daß das geborene Jesuskind einmal auffahre und wieder herabfahre auf die Erde, damit alle Menschen dieses Wohlgefallens teilhaftig werden.

2. Der Zusammenhang unserer Epistel mit dem ganzen Brief an Titus ist sonnenklar. Paulus erinnert Titus, seinen Sohn in Christus, daß er die ungeschlachtesten Leute in Kreta, die nach ihrer Art Lügner, böse Tiere und müßige Wänste seien, in eine Gemeine richten solle, nachdem sie gläubig geworden seien. Er solle tüchtige Älteste bestellen und die Leute streng unterweisen, daß sie gesund seien im Glauben und nicht ihre alten Märlein daruntermischen (Kap. 1). Er solle die Alten, Männer und Weiber, und die Jungen wie auch die Knechte mit eigenem gutem Vorbild belehren (Kap. 2). Sie sollen der Obrigkeit gehorchen und gegen alle Menschen gelinde sein, gute Werke tun, törichte Fragen meiden, einen Ketzer warnen und gehen lassen (Kap. 3). Dazu ist nun die Lektion aus unserer Epistel der Mittelpunkt, die höchste Anreizung und der stärkste Antrieb. Den ungeschlachtesten Leuten solle der Beweggrund, nämlich daß durch die Geburt Jesu das Heil allen Menschen erschienen ist und daß sie auf seine herrliche Erscheinung vom Himmel warten sollen, nicht zu hoch sein. Ebendiesen Beweggrund wiederholt er Kapitel 3, 4–8 nochmals und erinnert sie dabei an die Taufe.

3. Nun könnt ihr euch selber predigen, nachdem ihr das Evangelium in der Epistel und die Epistel im Evangelium verstehet. Ihr lernt, daß der lebendige Gott sei ein Heiland aller Menschen, insonderheit der Gläubigen (1.Tim.4,10). Gott gönnt auch allen auf Erden lauter Frieden und Wohlgefallen. Sprecht ihr: »Wir sind des Bösen allzu gewohnt; wir können nicht anders, als Böses tun. Daß wir alle Tage auf Jesus sehen, als käme er mit der Herrlichkeit, die die Hirten vom Himmel umleuchtet hat, das ist für uns, die wir Leute sind wie die Kreter, zu hoch.« Nein, liebe Leute, so spricht euch der Teufel zu. Glaubet ihm nicht! Habt Mitleiden mit euch selbst! Durch solche Ausflüchte beraubt ihr euch selber der erscheinenden Gnade. Will nicht Jesus euch loskaufen von aller Ungerechtigkeit? Ist's ihm nicht von Herzen ernst, euch, die ihr tot waret in Sünden, die ihr euch von dem Teufel in so viele Laster habt stürzen lassen (Eph. 2,2.3), in alle Herrlichkeit der erschienenen Gnade zu versetzen, euch aus den schwärzesten Satanssklaven zu seinem Eigentum und Kleinod zu reinigen? Höret nun auf, eurer Sünde das Wort zu reden! Wollt ihr immer in der Ungerechtigkeit fortwandeln, so macht ihr Gottes heilsame Gnade an euch zunichte. Ihr werdet Pein leiden, nicht sowohl wegen der Sünden, in die ihr euch in der Dummheit und im Unverstand gestürzt habt, sondern weil ihr euch noch diese Stunde mit Ausflüchten behelft. Euch ist der Heiland geboren, und ihr wollt nicht wiedergeboren werden; ihr wollt die Beweggründe des Evangeliums nicht zu Herzen ziehen. Ihr kehret euch noch ab, die Dinge zu betrachten und mit Tränen über euch selbst genau zu überlegen, die eure harten Herzen weich machen könnten. Es ist unmöglich, daß ihr nicht solltet des Wohlgefallens teilhaftig werden, das die Engel euch gönnten, wenn ihr alle Tage einige Minuten darauf wenden wolltet, Gott um die Erneuerung des Heiligen Geistes zu bitten, der reichlich ausgegossen ist durch Jesus, unsern Heiland, wenn ihr wider eure Flatterei der Gedanken streiten und euch oft einbilden wolltet: Wie wäre mir, wenn Jesus jetzt vom Himmel erscheinen würde? Gewiß, die Verächter der Wahrheit, die so viel Ausschweife machen, sind wert, daß sie sich selbst und ihrem Lügengeist überlassen werden. Leset doch aus 2. Thessalonicher 1,9, was für ewiges Verderben denen vorbehalten ist von dem Angesicht Jesu hinweg, die Jesus auf Erden nicht ins Gesicht sehen wollen! Amen.

AM FEIERTAG STEPHANUS

Die Vergebung der Sünden hebt den Eifer wider das Böse nicht auf

Evangelium: Matthäus 23, 34–39; Epistel: Apostelgeschichte 6, 8–7, 60

1. Des Stephanus letztes Wort war: »Herr, behalte ihnen diese Sünde nicht!« Zuvor aber sagte er ihnen ins Gesicht (V. 51): »Ihr Halsstarrigen und Unbeschnittenen an Herzen und Ohren, ihr widerstrebt allezeit dem Heiligen Geist, wie eure Väter so auch ihr.« So hat er also den Herrn gebeten, ihnen diese Sünde der Steinigung nicht zuzurechnen; was aber die Sünde des Widerstrebens wider den Heiligen Geist betrifft, das hat er Gott heimgestellt auf Beding ihrer Bekehrung. Ebenso hat es Jesus gemacht. Im Evangelium hat er den Schriftgelehrten und Pharisäern die erschrecklichsten Strafen angekündigt, daß sie das Maß ihrer Väter erfüllen sollen, damit alles Blut von Abel an bis auf diese Zeit von ihnen gefordert werde; was aber die Sünde der Kreuzigung betrifft, das war eine Sünde wider den Sohn, nicht wider den Geist; darum hat er gebeten, daß sie ihnen Gott vergeben möchte. Viele stehen in Gedanken (sind der Meinung), es könne nicht beisammen stehen: Strafen androhen und doch über einer Privatsünde Vergebung erteilen; aber wir sehen hier ganz eigentlich, daß Eifer und Vergebung gar wohl beisammen stehen können.

2. Der Zusammenhang des 6. mit dem 7. Kapitel in der Apostelgeschichte ist klar. Die Feinde der Wahrheit beschuldigten Stephanus, er höre nicht auf, zu reden Lästerworte wider den Tempel und wider das Gesetz. Darauf verantwortet er sich, daß Gott zu Zeiten Abrahams nicht im Tempel gewohnt, auch das Gesetz nicht sogleich gegeben habe, ebenso auch nicht zur Zeit Isaaks und Jakobs (Kap. 7, 1–19). Auch als Mose aufgekommen war, sei er nicht in einem Tempel, sondern im feurigen Busch erschienen. Seine Herrlichkeit sei nicht an den Tempel gebunden gewesen, und unter dem Gesetz habe er ihnen lebendige Aussprüche gegeben; sie aber hätten sich nur an Opfer und den äußerlichen Gottesdienst gehängt. Zur Zeit Josuas hätten sie zwar die Stiftshütte in das gelobte Land mit sich geführt, bis David und Salomo gekommen seien und Gott einen Tempel gebaut hätten; Gott aber habe ausdrücklich protestiert und

erklärt, daß ihm der Tempel viel zu wenig sei. Sie dagegen hätten allezeit dem Sinn und der Meinung des Heiligen Geistes widersprochen. Als sie ihn hierauf steinigten, hat er die Herrlichkeit Gottes gesehen, worüber er voll Mitleiden gegen die Mörder geworden ist und gewünscht hat, daß sie nicht am Gesetz und am Tempel hangen, sondern nach abgelegter Buße (wie Apg. 3,19) Vergebung erlangen und auch der Herrlichkeit teilhaftig werden möchten.

3. Den Lästerern müssen wir notwendig die Wahrheit sagen, ihnen Gottes Gericht androhen, sie warnen vor dem, was über sie kommen wird; dabei aber müssen wir ihnen doch wünschen, daß sie Buße tun und die wahre Überzeugung von dem Heil in Christus erlangen. Gott wird uns lehren, welche Sünde wir behalten oder vergeben können. Dabei müssen wir doch wie Gott wünschen, daß allen geholfen werde.

AM NEUEN JAHR

Durch den Namen Jesu sind wir ein neuer Mensch unter der Decke des alten geworden

Evangelium: Lukas 2,22; Epistel: Galater 3, 23–29

1. Die Epistel handelt von der Freiheit von den Satzungen, und das Evangelium handelt davon, daß sich Christus am Neujahrstag den Satzungen unterworfen hat, damit er uns ein für allemal durch den Namen Jesus davon losspreche.

Die Epistel sagt, daß die Menschen zwar viele hundert Jahre lang unter den äußerlichen Satzungen gestanden haben wegen Unbändigkeit der Jugend, daß aber die Zeit des Glaubens der Unruhe vom Gesetz her ein Ende gemacht habe, ja daß alle Unterschiede zwischen Juden und Griechen, Knechten und Freien, Mann und Weib in Christus als abgetan anzusehen seien, so daß durch die Taufe auf den Tod Jesu die Beschneidung und alles, was den Menschen in viele äußerliche Formen hineinzieht, aufgehoben worden sei. O ein herrliches Wort: Ihr seid allzumal nur ein Einiger, nämlich ein neuer Mensch in Christus, ob ihr schon noch unter der Decke des alten Menschen leben müßt.

2. Der Zusammenhang des Epistelabschnitts mit dem ganzen Galaterbrief ist aus der kürzlich gegebenen Zergliederung dieses Briefes klar. Wir wollen demnach sogleich zu der Nutzanwendung schreiten. Christus ist nach Habakuk 3,2 in der Mitte der Weltjahre erschienen. 3 888 Jahre sind verflossen, ehe Christus gekommen ist, und ebensoviele Jahre werden in der Zeit nach Christus verfließen bis an das Ende der Welt. Dies ist eine würdige Neujahrsbetrachtung. Adam, Noah, Abraham, Isaak, Jakob, Mose mußten im Vorbild die Zustände Christi an sich tragen; sie alle mußten Zeiger sein auf Christus. Seitdem aber Christus in der Mitte der Welt(zeit) erschienen ist, haben wir nichts zu tun, als Christus im Geist und in ihm den neuen Menschen unter der Decke des alten zu betrachten. Dahin weist uns sowohl die Beschneidung als auch die Taufe.

3. Abraham, Sara, Isaak, Hagar, Ismael sind Bilder des neuen und des alten Menschen. Ein jeder Mensch, der ein Christ sein will, soll den eigenen Fleischeswillen von sich ausstoßen. So wie Abraham in dieser Figur seiner Kinder nicht geschont, sondern den Ismael ausgestoßen hat, ebenso sollen auch wir unseres eigenen Willens nicht schonen. Alles müssen wir ansehen in Christus; denn außer Christus ist weder Gesetz noch Evangelium. Christus ist die Gerechtigkeit, die im Gesetz vor Gott gilt. Außer Christus hat der Mensch also keinen Gott, er laufe nun gleich im Gesetz oder im Evangelium. Wenn er in der Begierde läuft, Gott Gehorsam zu leisten, dann läuft er im Gesetz der Erfüllung. Alle Menschen, die sich in den Gehorsam Gottes ergeben, werden in Christi Gehorsam als in der Erfüllung des Gesetzes auch angenommen. Heiden, Juden und Christen sind nach der Zurechnung Christi allzumal einer in Christus; aber wahre Christen sehen ihre Freiheit vom Gesetz in allem: In dem Buch der Natur, in dem Buch des Gewissens und in dem Buch der Schrift. Insonderheit sieht er in den Vorbildern Abrahams, Isaaks, Jakobs die evangelische Verfassung, daß sie vor Moses Verfassung hat hergehen müssen, ehe Christus gekommen ist. Rebekka begegnete dem Isaak, fiel vor ihm nieder und verhüllte sich, nachdem ihr Elieser zuvor die Brautkleinodien gegeben hatte (1.Mose 24, 61–65. 22. 53). Ebenso erlangt der neue Mensch die Kleinodien Isaaks, erblickt Christus, fällt nieder und schämt sich des alten Menschen. Inzwischen, ob er schon dem alten Menschen feind ist, ob er ihn schon täglich ausstößt, muß er ihn doch an sich tragen und durch ihn Werke des zeitlichen Lebens zur Ehre Christi ver-

richten, weil Christus als der wahre Isaak in ihm des Glaubens Wesen zum Weib genommen hat. Da ist nun freilich ein täglicher Kampf. Der eine nimmt nichts mehr vom Gesetz an, der andere mischt das Gesetz mit ein und macht sich wie die Galater den Kampf schwerer. Dies rührt daher, daß wir im Fleisch einen tierischen Willen tragen, den wir zwar mit dem Sinn ausstoßen und kreuzigen, aber nie ganz ertöten können. Selig, wer in Christus dem Gesetz abgestorben ist! Denn Christus hat uns alle in sein Leiden und in seinen Tod hineingenommen und ist unserer Sünde in sich selbst abgestorben. Selig ist, wer sich mit Christus durch die Taufe gestorben achtet, daß der neue Mensch in Jesu Namen freudig wider den alten streite! Amen.

AM ERSCHEINUNGSFEST

Gott ist denen, die ihn suchen, ein Vergelter

Evangelium: Matthäus 2,1–12; Epistel: Jesaja 60, 1–6

1. Es ist leicht, die Ähnlichkeit der Lektion aus dem Propheten Jesaja mit dem Text aus dem Evangelium des Matthäus zu ersehen. Jesaja sagt achthundert Jahre voraus, daß die Heiden vom Morgenland sich zu der jüdischen Kirche begeben und dort den Gott Israels suchen und finden werden, wenn Christus die Herrlichkeit und der Preis Israels sein werde. Es sieht aber die Epistel auf viel weitere Zeiten hinaus, nämlich auf die letzte Zeit der tausend Jahre, während der das jüdische Volk von allen Völkern unterschieden werden soll. »Finsternis bedeckt das Erdreich; aber über dir geht auf die Herrlichkeit des Herrn«. In der Predigt über das Evangelium ist es gar helle dargetan, daß alles, was Jesaja geschrieben hat, nach dem Buchstaben und nicht verblümt (bildlich) zu nehmen sei. Die Weisen aus Morgenland waren nur Vorläufer der Heiden, die in dieser glückseligen Zeit herbeilaufen werden, nicht nur vom Morgenland, sondern auch von dem Meer, d. h. von Europa, von Midian, d. h. von Asien, ferner von Saba, d. h. vom südlichen Arabien, von Kedar und Nebajoth, d. h. vom Mohrenland, von Tharsis, d. h. von Ost- und Westindien.

2. Der Zusammenhang des verlesenen prophetischen Abschnitts mit der ganzen Weissagung Jesajas ist dieser: Vom 40. Kapitel bis zum 66. will Jesaja, daß alle Prediger Glauben, Liebe und Hoffnung verkündigen: Glauben vom 40. bis 49., Liebe vom 50. bis 59., Hoffnung vom 60. bis ans Ende. Im 60. redet er demnach, wie Gott den Glauben und die Gerechtigkeitsliebe der bedrängten israelitischen Kirche mit so herrlichen Vorzügen belohnen werde, nämlich: Die Stadt Jerusalem soll mit ihrem heiligen Glanz weit und breit gesehen werden, daß alle Heiden von allen Enden der Welt herzulaufen werden. Deswegen spricht der Herr zu Jerusalem: »Siehe dich um, wie so viele Nationen scharenweise herbeikommen!«

3. Gott ist denen, die ihn suchen, ein Vergelter. Das ist das erste, was man glauben muß. Hätten die Weisen aus dem Morgenland dies nicht fest geglaubt, würden sie keine so weite Reise gemacht haben; Gott hat aber ihr Suchen belohnt, daß sie den neugeborenen König der Juden gefunden haben. Paulus sagt in seiner Verantwortungsrede vor dem König Agrippa (Apg. 26,8), daß er verklagt worden sei über der Hoffnung der von Gott an die Väter ergangenen Verheißung, um derer willen die zwölf Geschlechter Gott mit Anhalten Tag und Nacht dienen. Daraus ist klar, daß, wenn schon viele Juden Betrüger und böse Leute sind, gleichwohl unter ihnen auch noch solche sind, die Gott Tag und Nacht anlaufen, daß er die selige Zeit ihrer Erlösung kommen lassen wolle. Gott läßt diese Hoffnung nicht fehlschlagen, teils weil Gott in seinem Vorsatz es längst beschlossen hat, teils weil er sie selber zum Gebet dazu antreibt, wie er ihnen denn (Jesaja 64) eine eigene Gebetsform dafür vorgeschrieben hat. »Wer mich ehrt, den will ich wieder ehren«, spricht Gott (1. Samuel 2,30). Alles in der Welt geht vornehmlich aus dem Trieb der Ehre; so sollen wir also die Ehre, die von Gott kommt, über alles hochhalten. Jesus wurde durch Leiden des Todes gekrönt mit Preis und Ehre, und so wird er – besonders in der letzten Zeit – alle seine Heiligen wiederum ehren, zumal die, die um der künftigen Ehre willen Schmach und Verachtung erdulden. Darum spricht der Psalmist (Psalm 149): »Singet dem Herrn ein neues Lied! Die Kinder Zion seien fröhlich über ihren König; denn durch ihn sollen sie Rache üben unter den Heiden, Strafe unter den Völkern, daß sie ihnen tun das Recht, davon geschrieben ist. Solche Ehre werden alle seine Heiligen haben. Halleluja!«

Ein wahrer Streiter Christi kommt in seltsame Ungewißheiten bei aller Gewißheit seines Glaubens

Evangelium: Matthäus 4, 1–11; Epistel: 2.Korinther 6, 1–10

1. Der Episteltext stellt in der Person des Paulus einen Christen vor, der sich selbst immer ein Rätsel ist: »Als ein Verführer und doch wahrhaftig, als ein Unbekannter und doch bekannt, als ein Sterbender, der doch lebt, als ein Gezüchtigter und doch nicht ertötet, als ein Trauriger, aber allezeit fröhlich« usw. Auf solche Art soll man sich »als ein Diener Gottes beweisen in Trübsalen, Nöten, Ängsten, Schlägen, Aufruhren, Arbeiten, Wachen, Fasten« usw. und soll es sich nicht befremden lassen, wenn man in die seltsamsten Kontraritäten (Widerspiele, Gegensätze) gerät. Was ist doch seltsamer, als daß Jesus Christus, der Sohn Gottes, sich vom Teufel aus der Wüste in die Stadt Jerusalem führen und auf den Anbau des Tempels stellen lassen mußte! Was ist seltsamer, als daß der Teufel ihn mit sich auf einen sehr hohen Berg genommen und ihm nach Lukas in *einem* Augenblick oder in *einem* konzentrierten Punkt alle Reiche des Erdkreises gezeigt hat (Luk.4,5)! Hieraus seht ihr, wie schön das Evangelium mit der Epistel zusammenstimmt.

2. Der Zusammenhang der Epistel mit dem Vorhergegangenen und Nachfolgenden ist der: Wir haben am Sonntag Sexagesimä vernommen, daß der zweite Brief an die Korinther eine Reisebeschreibung in fünf Teilen sei. Im zweiten Teil erzählt der Apostel Paulus, mit welch gutem Fortgang er in Mazedonien das Amt des Neuen Testaments gebraucht, wie er es nicht im Buchstaben, sondern im Geist geführt habe. Er sehnte sich zu vernehmen, was für eine Wirkung sein erster Brief bei den Korinthern gehabt habe; deswegen kam er in die Nähe, wo Titus zu ihm reiste und ihn versicherte, daß sie ihn mit allem Respekt aufgenommen (Kap. 7, 15.16) und daß sie allen Gehorsam gegen des Paulus Brief bewiesen hätten. Deswegen hat er auch seine zarte Liebe gegen sie ausfließen lassen, hat das Amt des Neuen Testaments mitten unter den Drangsalen herrlich gemacht und bezeugt, daß er über seinem Amt sehr freudig sei,

* Invokavit war der Bußtag der Württembergischen Landeskirche

und obzwar die Werkzeuge schwach und zerbrechlich seien, so sei doch die Kraft unbeschreiblich groß in ihnen. Er sagt (Kap. 5,20), daß sie mit ihnen hoch, nieder und mittelmäßig handeln, hoch als Botschafter, nieder mit Bitten, mittelmäßig, indem sie mitschaffen, daß sie die Gnade Gottes zum Zweck führen, als Diener Gottes unter den seltsamsten Gegensätzen und Widerspielen, die er (Kap. 4, 7—11) schon beschrieben hat. Und hier beschreibt er sie noch nachdrücklicher, daß sie in Schlägen, Gefängnissen, Aufruhren, Fasten und Wachen aushalten, so wunderlich es auch immer komme. Das ist denn nun der Zusammenhang mit dem Vorhergehenden. Im folgenden erinnert er sie, daß sie sich von aller Befleckung des Fleisches sowohl als des Geistes reinigen und sich von den falschen Aposteln absondern möchten.

3. Es geht in Wahrheit bei rechtschaffenen Mitarbeitern Gottes noch immer so. Auswendig manchen Streit, inwendig manche Furcht (Kap. 7,5). Sie sehen keinen Ausgang; aber sie verzagen nicht, und den Ausgang finden sie doch. Überhaupt geht es allen so: Sie sind nicht immer in einerlei Freudigkeit und Gewißheit. Sie kennen sich oft selbst nicht; ja, ihr Herz verdammt sie manchmal selbst. Der alte Mensch, der ihnen anhängt, verfinstert ihre böse Fassung gar oft. Inzwischen sind sie doch stark durch die Bewahrung der Kraft Gottes in den größten Schwachheiten. Ihr inneres Wachstum steht nicht still. Auswendig gehen sie traurig umher und wissen oft nicht, was hier und da Gottes Wille sei. Inzwischen werden sie wie Paulus oft und viel getröstet und sind in der Hauptsache des Glaubens allezeit gewiß und selig in Hoffnung des Zukünftigen.

Liebe Seelen, wüßtet ihr, wie Jesus auf der Erde in allem, was uns begegnen kann, auch versucht worden ist, so würdet ihr euch wohl manchmal besser fassen können. »In der Welt habt ihr Angst«, spricht Jesus; »aber seid getrost; ich habe die Welt überwunden!« (Joh. 16,33) Diese Welt ist ein wunderliches Gemisch von natürlichen, falschgeistlichen, teuflischen Unordnungen, und doch: Mitten in diesen Dingen liegt der neue Mensch wie in einem Gefäß. Endlich läßt er das Gefäß, in dem er lag, der Erde und dem Gericht Gottes; er aber kommt in das unsichtbare Element des himmlischen Wesens, in dem Jesus die Quelle der Unverweslichkeit ist und bleibt in Ewigkeit. Amen.

AM PALMSONNTAG

Man muß die Brüder lieben und die Hunde hassen, wenn diese schon sagen, wir rächten uns selber

Evangelium: Matthäus 21, 1–9; Epistel: Philipper 2, 5–11

1. Obschon der König zu Zion in der niedrigsten Gestalt auf dem Esel in Jerusalem einritt, wurde er doch als der gepriesen, der Friede im Himmel und Herrlichkeit in aller Höhe stiftet (Luk. 19, 38), so daß die Pharisäer glaubten, es sei allzuviel gesagt. Im heutigen Episteltext stellt uns Paulus Jesus vor, wie er sich alles dessen, was sein war, entäußert, dagegen aber Knechtsgestalt an sich genommen hat. Er sagt aber auch, eben darum habe ihn Gott über alles erhöht, daß im Namen Jesu sich aller Kniee im Himmel, auf Erden und unter der Erde beugen sollen. Dies ist die Ähnlichkeit der Epistel mit dem Evangelium.

2. Was ist doch für ein Unterschied unter den Gemeinen! Die Gemeinde zu Philippi war die einzige, an der Paulus nichts zu klagen und nichts zu beanstanden hatte. Darum schreibt Paulus zu Anfang und zu Ende nichts als lauter Ermunterung zur Freude mit den zartesten Liebesausdrücken. Er schreibt es ihrer Fürbitte und der Darreichung des Geistes Jesu zu, daß er in Rom so guten Fortgang – auch am Hof – gesehen hat. Poppäa, Neros Gemahlin, mag allem Vermuten nach mit ihrer Gunst gegen die gottseligen Leute, worüber sie Josephus lobt*, auch dazu geholfen haben, daß des Apostels Paulus Wort am Hof so guten Eingang gewonnen hat. Paulus gibt in dieser Epistel keine Lehren, sondern lauter Ermahnungen, insbesondere nach dem Vorbild Jesu zum Gehorsam und zur Demut. Dies ist der Zusammenhang der Epistel.

3. Wer den demütigen Liebessinn Jesu hat, wie ihn Paulus den Philippern abmalt, der hat Ruhe, Freude, Gelindigkeit, und der Friede Gottes, der allen Verstand übersteigt, verwahrt sein Herz und seine Verständnisse in Christus Jesus. Es wird aber vorausgesetzt, daß er in der allerheiligsten Lehre vorher guten Grund habe. Bei aller Ermahnung zur Freude, bei aller Lindigkeit, die sie allen Menschen kund werden lassen sollen, sagt er doch: »Seht auf die Hun-

* Antiq. L. 20 c. 7

de!« Ist denn das Gelindigkeit? O das ist der Demut, der Gelindigkeit, der Liebe nicht zuwider, daß ein Diener Gottes solche, die ihn am Fortgang des Evangeliums hindern wollen, Hunde, böse Arbeiter, Feinde des Kreuzes Christi nennt. Die Probe der Liebe ist der Haß des Bösen. Da muß man allezeit guten Unterschied machen. Je mehr man erquickt wird von der Liebe der Brüder, destomehr muß man auf dem Ernst gegen die Heuchler und Lügner bestehen. »Denn draußen sind die Hunde und alle, die liebhaben und tun die Lüge« (Offb. 22,15).

AM OSTERFEST

Ein Opfer in und mit Christus sein, kann nicht bestehen mit Gleichgültigkeit gegen Böse

Evangelium: Markus 16, 1–8; Epistel: 1.Korinther 5, 6–8

1. Wer die Osterfreude über den auferstandenen Heiland genießen will, der muß die Osterfeier nicht bei dem alten Sauerteig der Untugend und Bosheit begehen, sondern bei ungesäuerten Broten der Lauterkeit und Wahrheit. In dieser Freude müssen wir uns freuen, daß Christus, das wahre Opferlamm, für uns geopfert worden ist. Bei einem Opfer wird durchs Feuer das Reine von dem Unreinen geschieden. Als Christus ein Opfer geworden ist, hat er am Kreuz unsere Seele in seiner Seele von allem abgeschieden, was Sünde und Fluch ist, und hat sie durch die Auferstehung in das Leben der Herrlichkeit eingeführt, wo lauter Reinigkeit und göttliche Lauterkeit ist. Als ein solcher auferstandener Herr redet Jesus im Evangelium und heißt seine Jünger in alle Welt ausgehen, damit sie durchs Evangelium alle Kreatur zum Opfer machen. Darum empfingen sie die Kraft, das Reine von dem Unreinen zu scheiden, Teufel auszutreiben, Schlangen zu vertreiben usw.

2. Paulus ermahnt die Korinther zur Eintracht (Kap. 1–4,21); dabei straft er sie, daß sie so nachsichtig gewesen seien und sich von einem aufgeblasenen, leichtsinnigen, gleichgültigen Sinn haben einwiegen lassen, einen bösen Menschen unter der Gemeine zu dulden, den sie mit Ernst hätten wegschaffen sollen (Kap. 5). Eine sol-

che liederliche Nachsicht heißt er einen alten Sauerteig, der mit der Lauterkeit und Wahrheit nicht bestehen könne. Ach Gott, wo geraten wir hin, daß wir endlich fühllos werden und die Rechte des Reichs Jesu ohne Haß des Bösen und ohne wirklichen tätlichen Eifer wider die Bösen kränken lassen! Wir fürchten die Feindschaft der Welt. O mache uns dir zum Opfer ohne Sauerteig der Untugend und Bosheit.

3. Des Menschen Geist hat sich durch Lüste sehr verunreinigt; darum muß er das Unreine hassen und verlassen. Hat er sich falsche Lust angewöhnt, so muß er wieder umkehren und werden wie ein unschuldiges Kind. Er muß eine himmlische Lust und Begierde haben, welche Glauben heißt. Die himmlische Lust treibt ihn zum Gebet; da wird der Geist Gottes in der Begierde angezogen und in die Form unseres Geistes gebracht. Er wird gefaßt, und diese gefaßte Kraft ist das geistliche Fleisch und Blut Christi; denn »der Herr ist der Geist« (2.Korinther 3,17). Diese gefaßte Kraft geht in die in Adam erstorbene Kraft ein und wird zum Christus *in uns* durch das Opfer Christi *für uns*. Die Begierde, der Ernst erregt das Liebesfeuer Christi in seinem Testament, daß es sich heiliglich entzündet. Da wird diese heilige Begierde mit dem Fleisch der Auferstehung ein Ding. Nach der Auferstehung sind wir auf diese Art das wahre Opfer Gottes, das Gott zu seiner Wohnung einnimmt und den tierischen Menschen zu Tode schlachtet. Wo nun diese lebendige Erkenntnis aus der gefaßten Kraft des auferstandenen Fleisches Christi ist, da ist der Altar Gottes an allen Orten, wo die Seele Gebet und Betrachtung opfert.

AM OSTERMONTAG

Von der freien Ordnung der Gnade

Evangelium: Lukas 24, 13–35; Epistel: Apostelgeschichte 10, 34–43

1. Es ist angenehm und nützlich, wenn man Kornelius in der Epistel und die beiden Jünger im Evangelium gegeneinanderhält, die beide zum Glauben an Jesus Christus gekommen sind, aber auf unterschiedenen Wegen: Kornelius als ein Heide und als ein römi-

scher Offizier, die beiden Jünger als Juden und als gemeine Leute aus Galiläa. Kornelius hörte nur wie von weitem etwas von dem, was in den Propheten stand; so kam auch etwas von dem Herrn Jesus zu seinen Ohren. Die beiden Jünger dagegen waren von Jugend auf in den Propheten unterrichtet worden; sie sahen das alles mit Augen, was Kornelius nur hatte erzählen hören. Kornelius ließ durch das, was er von den Juden aus den Propheten gehört hatte, sein Gewissen und seinen Gottesdienst einrichten zu einem vernünftigen Gottesdienst. Er nahm sich viel Zeit zum verborgenen Gebet; er kasteite seinen Leib, um auch diesen zu heiligen; er übte Liebe und Barmherzigkeit. Was bei uns Glauben heißt, das war bei ihm und nach seinem Maß die Furcht Gottes; was bei uns Liebe heißt, das war bei ihm Rechttun in seinem Amt und in seinem übrigen Bezeugen gegen den Nebenmenschen. Bei den beiden Jüngern zeigte sich die Frucht ihres besseren Unterrichts und des vorzüglichen Glücks, daß sie den Heiland selber sahen, darin, daß sie ihm nachfolgten und sich durch die Widrigkeit der Oberen nicht abbringen ließen, daß sie an seinen Reden einen Geschmack fanden, ob sie solche schon nicht allemal verstanden, und daß sie sich überhaupt seiner Person und seiner Sache annahmen und deswegen bekümmert waren. Ob sie in dem vernünftigen Gottesdienst, in dem verborgenen Anbeten Gottes, in der zu diesem Gottesdienst nötigen Kasteiung des Leibes, in der Liebe und in genauem Wandel damals schon so weit gekommen waren wie der Hauptmann, ist der Überlegung wert. Gott sah ihre aufrichtige Liebe zum Heiland an. Wir wissen auch nicht, wieviel der Hauptmann und seine Freunde von heidnischem Aberglauben unter göttlicher Geduld damals noch an sich hatten, als Gott seinen Sohn an ihnen offenbarte. Vor dem Hauptmann zieht Petrus das Zeugnis der Propheten nur der Hauptsache nach an; mit den Jüngern dagegen geht der Heiland alle Schriften Moses und der Propheten durch. Die Jünger dachten damals nicht höher von Jesus als, er sei ein Prophet, und dem Hauptmann wird nach *seiner* Fassung auch nicht mehr zugemutet. So hat die Gnade ihre Ordnung, aber ihre freie Ordnung, unter allerlei Volk, Nation, Alter und Geschlecht, unter allerlei Ständen, Reichen und Armen, die mehr oder weniger Gelegenheit und Unterricht gehabt haben.

2. Der Hauptzweck der Apostelgeschichte ist auch dieser, zu zeigen, wie frei und mannigfaltig die Methode und Lehrordnung der

Apostel gewesen sei, nach der sie die Menschen zur Gnade und in die Gnade hinein geführt haben. Sie haben jederzeit geredet, wie es die Umstände erfordert haben. Paulus hat sich nach dem 14. und 17. Kapitel überhaupt nicht auf die Propheten berufen, wenn er mit solchen Heiden redete, die noch gar nichts von der besonderen Offenbarung Gottes gehört hatten. Kornelius empfing den Heiligen Geist vor seiner Taufe; andere empfingen ihn durch die Taufe.

3. Laß also der Gnade ihren freien Gang an dir und andern, und merke auf die mannigfaltige Weisheit der Gnade, damit du das Werk Gottes nicht hinderst!

AM HIMMELFAHRTSFEST

Das durch die Himmelfahrt Jesu aufgerichtete Königreich

Evangelium: Markus 16, 14—20; Epistel: Apostelgeschichte 1, 1—11

»Ich habe meinen König eingesetzt auf meinem heiligen Berg Zion«, sagt der Herr von seinem Gesalbten (Ps. 2). Dahin ging der ewige Vorsatz Gottes: Sein Sohn solle König werden auf dem Berge Zion. Die Einsetzung oder Bestimmung zum König war schon geschehen, als dieser Psalm verfaßt wurde; aber die feierliche Offenbarung dieses Königs auf dem Berg Zion stand noch länger an, nämlich bis in die Zeit des Neuen Testaments, da Christus gen Himmel fahren und das Reich auf eine solenne (festliche, würdige) Art einnehmen sollte (Apg. 3,21), bis auf die Zeit, da das Lämmlein kommen, vom Vater heischen (Ps. 2,8) und also das Buch mit sieben Siegeln annehmen wird. Da wird man erst offenbarlich sehen, daß Jesus der Herr sei auf dem Thron Gottes. Dies ist nun in der Himmelfahrt Christi geschehen. Betrachtet also das durch die Himmelfahrt Jesu aufgerichtete Königreich Gottes und Christi!

1. Wie die Anstalt dazu bei der Himmelfahrt von Jesus selbst gemacht worden ist. — Das erhellt aus dem Vergleich des Evangeliums mit der Epistel. Im Evangelium steht, wie sehr es Jesus darum zu tun gewesen ist, daß seine Jünger von der Wahrheit seiner Auferstehung überzeugt worden sind. »Zuletzt, da die Elfe zu Tische saßen, offenbarte er sich und schalt ihren Unglauben und ihres Herzens Härtigkeit, daß sie nicht geglaubt hatten denen, die ihn gesehen

hatten auferstanden« (Markus 16,14). In der Epistel (Apg. 1,3) heißt's gleichfalls, daß sich Jesus den Jüngern nach seinem Leiden lebendig erzeigt habe: »Und ließ sich sehen unter ihnen vierzig Tage lang und redete mit ihnen von dem, was das Reich Gottes betraf«. Das meiste Gespräch Jesu mit seinen Jüngern nach der Auferstehung bestand darin, daß er sie vom Reich Gottes unterrichtete; davon sollten sie vor allen Dingen gewissen Verstand bekommen. Seht also, die Wahrheit der Auferstehung Jesu mußte vor allen Dingen ausgemacht sein. Wenn er nicht auferstanden wäre, dann wäre aus seinem Königreich, das er vor Pilatus so stattlich bekannt hatte, nichts geworden. Wenn es aber ausgemacht ist, daß der Heilige die Verwesung *nicht* gesehen hat, dann kann an seinem Königreich nimmer mit Recht gezweifelt werden (Apg. 2,32.33). Darum redete Jesus nach seiner Auferstehung so viel vom Königreich.

Er machte auch selber noch, ehe er gen Himmel fuhr, durch den Befehl, den er seinen Jüngern gab (V. 4), Anstalt, daß das Reich Gottes nunmehr durch den Glauben an Jesus auf Erden ausgebreitet werde.

Im Evangelium befiehlt er: »Geht hin in alle Welt und predigt das Evangelium aller Kreatur! Wer da glaubt und getauft wird, der wird selig werden; wer aber nicht glaubt, der wird verdammt werden«. Da bestellt er seine Jünger als Boten des Himmelreichs. In der Epistel bestimmt er seinen Befehl näher: Sie sollen nicht eilends in alle Welt hingehen, sondern auf die Ausgießung des Heiligen Geistes warten, die nicht lange nach der Himmelfahrt geschehen werde (V. 5), durch die sie erst recht ausgerüstet werden sollten, daß sie Zeugen Christi seien bis ans Ende der Erde (V. 8), welche große Verheißung auch wirklich zehn Tage hernach, nämlich am Tag der Pfingsten, erfüllt wurde (Kap. 2).

Nachdem nun alle Anstalt fertig war und Jesus mit seinen Jüngern ausgeredet hatte, da heißt's im Evangelium: »Er ward aufgehoben gen Himmel«, was in der Epistel mit mehr Umständen erzählt wird: ». . . zusehends, und eine Wolke nahm ihn auf vor ihren Augen weg«.

Da setzte sich nun der König auf seinen Thron. Er sitzt zur rechten Hand Gottes. Er nahm die Huldigung im Himmel entgegen (Offb. 5).

Auf Erden gewann's auch bald ein liebliches Ansehen zum wirklichen Ausbruch des Reiches Christi; denn nachdem die Verheißung des Vaters in der Epistel erfüllt war, da heißt's im Evangelium: »Sie gingen aus und predigten an allen Orten, und der Herr wirkte mit ihnen und bekräftigte das Wort durch mitfolgende Zeichen«.

2. Wie dieses Königreich auf Erden nach der Apostelgeschichte wirklich aufgerichtet worden ist. – Dies ist aus dem ganzen Buch gar leicht zu zeigen; denn es wird uns darin beschrieben,

1. wie sogleich am ersten Pfingsttage gottesfürchtige Männer aus allem Volk der Predigt des Petrus zugehört haben (Kap. 2,5) und an demselben Tage bei 3 000 Seelen (V. 41) und hernach täglich noch mehr zur Gemeine hinzugetan worden sind.

2. Kapitel 4,32 kommt schon eine Menge gläubiger Seelen vor, obschon auch das Murren wider den Herrn und seinen Gesalbten sich frühzeitig eingestellt hat (V. 25 f.).

3. Zur Ausbreitung des Reiches Christi kamen auch viel Zeichen und Wunder durch der Apostel Hände (Kap. 5,12).

4. Kein Drohen war imstand, den Fortgang des Reiches Christi zu hemmen (V. 29).

5. Dazu kam bald die Sammlung der Heiden zur christlichen Kirche (Kapitel 10),

6. wozu Gott insonderheit den Apostel Paulus als ein Werkzeug brauchte (Kapitel 13 f.).

7. Durch diesen wurde das Evangelium vom Reich Christi auch nach Europa gebracht, und zwar zuerst nach Mazedonien (Kap. 16,9). Hernach kam er sogar nach Rom, wo er zwei ganze Jahre das Reich Gottes predigte (Kap. 28,31), bis in dieser Hauptstadt der Welt das Evangelium von Christus genugsam bekräftigt war.

Nun, Geliebte, Jesus ist König und Herr auf dem Thron Gottes. Dieses den Feinden so schreckliche Wort, vor dem auch der Hölle Pforten zittern müssen, ist doch ein teuer wertes Wort denen, die es im Glauben annehmen. Jesus hat darum die Anstalt unter seinen Aposteln gemacht, dieses Wort in aller Welt zu verkündigen, damit alle in sich selbst verlorenen, durch sein Blut aber erkauften Menschenseelen wissen möchten, wohin sie fliehen sollen und wer der sei, durch den sie Gnade und Vergebung der Sünden empfangen können. Sein Thron ist ein Gnadenthron; »der Gerechte läuft dahin und wird beschirmt« (Spr. 18,10).

Wenn wir nun aus den Geschichten der Apostel hören, wie die Seelen durch den Antrag des Evangeliums bald scharenweise auf einmal, bald aber auch einzeln zum Glauben an Jesus gekommen sind, mit welch innigem Gehorsam der Wahrheit sollen dann auch wir dieses Wort annehmen! Welch eine Freude soll es uns sein, aus dem Glauben des Herzens auch mit dem Munde zu bekennen, daß Jesus Christus der Herr sei! Wie emsig sollen wir uns im Aufschauen auf beides, auf das Kreuz und auf den Thron der Herrlichkeit Jesu üben, bis wir mit Einstimmung des Heiligen Geistes sagen können: »In diesem Herrn habe ich Gerechtigkeit und Stärke« (Jes. 45). Denn dahin muß es doch mit allen denen kommen, die der Herr an jenem Tage vor aller Kreatur als die Seinen erkennen soll.

Wer sich aber lieber auf die Seite der Feinde Jesu schlägt und die güldenen Bande des Gehorsams zerreißen will (Ps. 2), der wird mit den Feinden auch zuschanden werden. Die zwei Männer in weißen Kleidern sagen in der Epistel: »Dieser Jesus, der von euch ist aufgenommen gen Himmel, wird kommen, nämlich zum Gericht, in den Wolken des Himmels mit großer Kraft und Herrlichkeit«. Da wird er dann geben einem jeglichen nach seinen Werken. O darum dienet dem Herrn noch viel mehr mit Furcht, und freuet euch mit Zittern!

Er kommt zum Weltgerichte,
Zum Fluch dem, der ihm flucht,
Mit Gnad' und süßem Lichte
Dem, der ihn liebt und sucht.
Ach komm, ach komm, o Sonne,
Und hol uns allzumal
Zum ew'gen Licht und Wonne
In deinen Freudensaal.

AM PFINGSTFEST

Jesus offenbart sich seinen Liebhabern auf verschiedene Art

Evangelium: Johannes 14, 23–31; Epistel: Apostelgeschichte 2, 1–13

1. Am Pfingsttag kam der Heilige Geist auf außerordentliche Weise über die in Liebe versammelten Jünger. Plötzlich kam ein Brausen vom Himmel wie bei Elia (1.Kön. 19,11.12) anzuzeigen, daß, obwohl der Heilige Geist in stillem, sanftem Sausen oder in

einer Stimme der subtilsten Stille sich offenbart, so gehe er doch aus mit großer Bewegung der Kreatur im Neuen Testament wie im Alten (Hiob 38,1; Hes. 1,4; 10,4). Diese gewaltige Erschütterung aber verwandelte sich bald in eine blitzende Zerteilung des heiligen Feuers, wodurch ihre Zungen als feurig und zerteilt anzusehen waren, anzudeuten, daß der Heilige Geist, der im Anfang dem Menschen eine redende Seele eingeblasen hatte, die Rede wieder in die erste Vollkommenheit bringen wolle. Dies war eine außerordentliche Mitteilung des Heiligen Geistes mit großer Bewegung. In dem Evangelium aber ist zu lesen, wie sich der Heilige Geist ordentlicherweise mittels der Liebe Christi mitteile.

2. In der Apostelgeschichte siehst du den schnellen Fortgang des Evangeliums und den ersten Satz (das erste Gesetzt-, Gepflanztwerden) der Gemeine Jesu zu Jerusalem, nachdem Jesus aufgefahren war und hernach den Heiligen Geist außerordentlich auf die Apostel ausgegossen hatte. Du siehst bei den Juden und den Heiden das schnelle Wachstum. In der letzten Zeit wird es auch schnell hergehen; der Heilige Geist wird mit großer Bewegung des Wassers und Feuers wirken, und der Herr wird es zu seiner Zeit schnell ausrichten. Da wir nahe an diese Zeit hinreichen, so ist es kein Wunder, daß hie und da die Kräfte der prophetischen Gabe sich hervortun. Inzwischen folge du dem ordentlichen Weg! Wer Jesus liebt, der hält sich an sein Wort, und wenn Jesus sich dir offenbart, so denke, daß er sich von seiner Auffahrt an vielen Tausenden in der Stille geoffenbart hat. Rusbroch, Tauler, Jakob Böhme sind lebendige Zeugen. Aber prüfe du alles! *Sie* sind nicht siebenmal durchläutert; doch verachte die Weissagung nicht, sondern warte nach deiner Gabe in der Liebe, wie sich Jesus dir offenbaren will! Soviele Gesichte, ebenso viele verschiedene Arten der Offenbarung in der Weisheit, in der Erkenntnis, in dem Glauben, in den Kräften (1.Kor. 12).

3. Viele haben kein Ziel dahin, daß Jesus sich ihnen offenbare; sie haben nicht einmal den Willen dazu. O der großen Verachtung! O der erkalteten Liebe! Wann wirst du, o Jesu, wieder ein Feuer anzünden auf Erden? »Ach daß du den Himmel zerrissest und führest herab!« sprechen wir billig deinem Geist nach (Jes. 64, 1.2 ff.).

Der Glaube an Jesus, wichtig, kräftig

Evangelium: Johannes 3, 16–21; Epistel: Apostelgeschichte 10, 42–48

Es kommt doch in der Ordnung des Heils auf nichts anderes an als auf den Glauben an Jesus Christus, den Sohn Gottes, wie auch der Grund des Heils kein anderer ist als Jesus Christus, unser Herr. Im heutigen Evangelium werden wir auf den Glauben gewiesen, da es heißt, Gott habe seinen Sohn darum in des Kreuzes Tod dahingegeben, »auf daß alle, die an ihn glauben, nicht verloren werden, sondern das ewige Leben haben«. In der Epistel sagt Petrus dasselbe: wenn einer Vergebung der Sünden empfangen wolle, dann müsse er an Jesus von Nazareth glauben, von dem alle Propheten gezeugt haben. Es ist also höchst nötig, daß wir dieser Sache nachdenken und den Glauben an Jesus betrachten 1. nach seiner Wichtigkeit, 2. nach seinen seligen Wirkungen.

1. *Der Glaube an Jesus ist von großer Wichtigkeit,*

a) *weil er eine Anstalt und Verordnung ist, die Gott selber gemacht hat.* Römer 16,25 f. heißt es, das Evangelium oder die Predigt von Christus sei geoffenbart worden aus Befehl des ewigen Gottes, den Gehorsam des Glaubens aufzurichten. In der Epistel sagt Petrus: »Er hat uns geboten, zu predigen allem Volk, daß er sei verordnet von Gott zum Richter der Lebendigen und der Toten«. Dies sollten die Apostel der ganzen Welt verkündigen, daß ihm, dem Herrn Jesus, alle Gewalt, sogar auch das Richteramt übergeben sei, wie er denn kurz vor seiner Himmelfahrt gesprochen hat: »Mir ist gegeben alle Gewalt im Himmel und auf Erden« (Matth. 28,18); darum gehet hin und verkündiget eben dieses der ganzen Welt! O was für große Dinge hat Gott mit seinem Sohn im Sinn gehabt! Zuerst läßt er ihn ein schwaches Menschenkind werden und übergibt ihn endlich gar zum Tode des Kreuzes; aber in der Auferwekkung von den Toten gewann alles ein anderes Ansehen. Er wurde mit Preis und Ehre gekrönt (Hebr. 2) und gesetzt zur Rechten Gottes über alle Fürstentümer (Eph. 1); ja, sogar die Macht, Gericht zu halten, ist ihm übergeben, auf daß sie alle den Sohn ehren, wie sie den Vater ehren (Joh. 5,23). Dies läßt Gott nun in aller Welt durch das Evangelium verkündigen, damit die Leute sich an ihn, den verordneten Richter, wenden und sich um seine Gnade bewerben möchten. Gott gebietet deswegen nun allen Menschen, Buße zu tun (Apg. 17,30), und hält jedermann den Glauben vor, nachdem er Ihn von den Toten auferweckt hat (Vers 31). Wie wichtig soll uns demnach der Glaube an Jesus werden, der von Gott zum Richter bestimmt ist, weil ja niemand vor seinem Angesicht bestehen kann als der, den er für den Seinen erkennt, weil der Vater selber niemand selig machen will, als wen sein Sohn des Himmelreichs für würdig erklärt!

b) *Weil das Zeugnis der ganzen Heiligen Schrift Alten und Neuen Testaments allein auf Jesus geht.* Petrus sagt: »Von diesem zeugen alle Propheten«, daß in ihm allein Gnade zu finden sei; wie wir denn die herrlichsten Zeugnisse haben von Mose, David und den eigentlich so genannten Propheten von Jesaja an bis auf Maleachi. Man darf nur einen Propheten vor sich nehmen, welchen man will, so wird man Zeugnisse von Christus darin finden, die in Jesus von Nazareth alle zusammentreffen. Überdies haben wir noch das einstimmige Zeugnis aller Evangelisten und Apostel des Neuen Testaments von Jesus, daß in ihm, und zwar in ihm allein, das Heil sei (Apg. 4,12). Das haben sie nicht nur mündlich bezeugt, sondern auch schriftlich hinterlassen, damit auch wir glauben, daß Jesus sei der Christus, der Sohn Gottes, und daß wir durch den Glauben das Leben haben in seinem Namen (Joh. 20,31). Wieviel muß also an diesem Glauben gelegen sein, den die Welt insgemein doch für etwas so Schlechtes und Geringes hält! Wenn wir bedenken: Die Heilige Schrift ist zu der Menschen Heil und Seligkeit geschrieben, o dann muß ja auch das Mittel, das uns die Schrift aus Eingebung des Heiligen Geistes zur Seligkeit angibt, ein bewährtes und zu diesem Zweck das allergesegnetste Mittel sein, durch das wir auf dem sichersten und kürzesten Weg unser Ziel erreichen. Lasset uns deswegen auch betrachten

2. *die seligen Wirkungen des Glaubens.* Diese sind

a) *die Vergebung der Sünden.* So heißt es ausdrücklich im Text, daß durch Jesus alle, die an ihn glauben, Vergebung der Sünden empfangen sollen. Die Vergebung der Sünden ist ohne Zweifel die größte Wohltat, die ein Sünder auf der Welt erlangen kann; ja, sie ist die Wurzel aller übrigen Gnadenverheißungen. Man wird ihrer aber nicht anders teilhaftig als durch den Namen Jesu (V. 43) und durch das Blut Jesu (Eph. 1,7), wenn nämlich die Kraft des Namens Jesu im Glauben angenommen und unser Herz mit seinem Blut besprengt wird. Der Mensch eignet sich alle Verheißungen Gottes in Christus Jesus zu, und Gott schenkt sie ihm, vergibt ihm seine Sünden und nimmt ihn um Christi willen an Kindesstatt an.

b) *Die Gabe des Heiligen Geistes ist damit verknüpft.* In der Epistel heißt es: »Da Petrus noch diese Worte redete von dem Jesus von Nazareth, da fiel der Heilige Geist« — über wen? Antwort —: »Auf alle, die dem Wort zuhörten«. Nun, das war kein bloß äußerliches Zuhören; viele hundert haben das Evangelium von Christus gehört, und es ist doch keine solche Ausgießung des Heiligen Geistes darauf erfolgt. Das Wort der Predigt half ihnen nichts, da es nicht mit ihrem Glauben vermengt wurde (Hebr. 4,2). Die Leute in des Kornelius Haus aber hörten im Glauben. Sie widerstrebten nicht der Kraft, die durch das Wort an ihre Herzen drang; sie waren vielmehr willig, die Wahrheit anzunehmen, und so kam der Heilige Geist über sie. Seht, liebe Zuhörer, wer das Evangelium von Jesus Christus im Glauben annimmt, der wird auch versiegelt mit dem Heiligen Geist (Eph. 1,13), und da geht es hernach aus einer Glaubenskraft in die andere, und man kommt durch den Heiligen Geist zu immer nachhaltigerer Bestärkung in der Wahrheit.

c) *Endlich folgt aus dem Glauben an Jesus auch das ewige Leben,* wie er selber im heutigen Evangelium es ausspricht, daß alle, die an ihn glauben, Vergebung der Sünden empfangen sollen. Das ist ja ein herrliches Ziel des Glaubens: Der Seelen Seligkeit (1. Petr. 1,9)!

Nun, ihr Lieben, so lernt doch einmal recht einsehen, was es für eine wichtige Sache um den Glauben an Christus sei! Leset die Vorrede Luthers über den Brief an die Römer, so werdet ihr einsehen lernen, wie gering bisher eure Gedanken vom Glauben gewesen seien! Bittet Gott, daß er euch erleuchtete Augen eures Verständnisses gebe, um das Evangelium Jesu Christi einzusehen! Wendet aber auch euren Fleiß daran! Suchet in der Schrift, die von Jesus zeugt! Und was euch dabei durch die Wirkung des Heiligen Geistes aufgeschlossen wird, das nehmt an als ein Wort, das eure Seelen selig machen kann; dann werdet ihr die Früchte des Glaubens, von denen geredet worden ist, zu eurer unaussprechlichen Freude in euch selbst erfahren.

Die heilige Dreieinigkeit lehrt mit kurzen Worten die Gemeinschaft mit dem Vater und Sohn durch den Geist

Evangelium: Johannes 3, 1–15; Epistel: Römer 11, 33–36

1. Das Evangelium lehrt uns, wie die Dreieinigkeit die Wiedergeburt im Menschen wirke. Die Epistel redet auf besondere Art von der Dreieinigkeit. Sie sagt nicht nur, daß drei Personen in der Gottheit seien, sondern auch was das Geschäft einer jeden in der ganzen Kreatur sei. »Aus ihm und durch ihn und zu ihm sind alle Dinge«; das ist der letzte Vers der Epistel. Also wird hier die Dreiheit nicht außer Verbindung mit der Kreatur angesehen; denn ebenso ist es auch in den vorhergegangenen Versen, wo Paulus ausruft: »O welch eine Tiefe, erstlich des Reichtums, zweitens der Weisheit, drittens der Erkenntnis Gottes!« All das bezieht sich auf die Kreatur. Es ist eine Tiefe des Reichtums in Gott. Dieser ist die Liebe des *Vaters* zu dem Geschöpf. Es ist eine Tiefe der Weisheit: Diese geht auf den *Sohn*, der die Geschöpfe ordnet und einrichtet (Spr. 8). Es ist eine Tiefe der Erkenntnis: Diese geht auf den *Heiligen Geist*, der vom Vater ausgeht. Dieser Geist geht aus Gott aus und ist ewig geschäftig, bis er die abgewichene Kreatur wieder zu Gott zurückgeführt hat. Seine sieben Augen sehen nämlich nicht von außen wie die Menschen, sondern sie durchziehen von innen das ganze Land (Sach. 4,10). In dem *einen* Stein sind sieben Augen (Kap. 3,9). Siehe auch von der Dreieinigkeit, die anfängt vom Geist (1.Kor. 12,4–6)!

2. Der Zusammenhang des ganzen Briefs mit diesem Abschnitt ist der: Nachdem Paulus in dem dritten Teil des Briefs, dessen schon am 1. Advent gedacht worden ist, den unbedingten Liebesvorsatz* über Juden und Heiden nach den vornehmsten Gründen ausgewikkelt hat, ruft er endlich aus, daß diese Gründe in diesem Leben nie genug ausgeschöpft werden können; der Tiefen in Gott seien zu viel.

3. So bildet euch denn, liebe Seelen, nicht ein, daß ihr wüßtet, was die Dreiheit sei, wenn ihr nach dem Katechismus sagen könnt,

* absolutum decretum amoris

es seien drei Personen in einem Wesen! Lernt es vornehmlich nach dem Evangelium, lernt das Geschäft der Dreiheit an euch, lernt es an der ganzen Kreatur! Außer der Natur und Kreatur ist Gott in sich selbst alles; er kann von niemand gesehen oder erkannt werden. Er hat auch keinen Namen. In Christus und in der Kreatur hat er Namen, nämlich Wunderbar, Rat, Kraft usw. Die vier geschaffenen Wesen müssen ihm seine Namen zurufen (Offb. 4,8.9): »Lob, Ehre, Preis, Gewalt von Ewigkeit zu Ewigkeit«. Es gehören Ewigkeiten dazu, die Dreiheit zu erkennen. Schämt euch, ihr Disputierer der Welt, daß ihr diese hohe Sache mit so viel Worten ausdisputieren wollt! Paulus braucht nur kleine Wörtlein: »aus, durch, zu«; das andere verspart er in die Ewigkeiten.

»Gott ist über allen, durch alle, in allen« (Epheser 4,6); so redet Paulus. Lerne aus dem Suchen Gottes durch Gebet und Flehen, was Gott ist! Wem Gott nicht selber zeigt, wer er ist; wen er nicht lehrt, daß in Christus alle Fülle der Gottheit leibhaftig wohne, der kommt auf viele irrige Gedanken. Bald verbildet er sich zu viel in das »Über«, bald in das »Durch«, bald zu viel in das »In«. Daher gibt es Leute, die glauben, die Welt sei Gott, und wenn du stürbest, dann würdest du in Gott begraben. Du aber fliehe die Abgötterei deiner Gedanken! Lasse dich Gott lehren, züchtigen, umgestalten, so oft und so viel, bis du erkennst, daß niemand wisse, wer der Sohn sei, denn nur der Vater, noch wer der Vater sei, denn nur der Sohn und wem es der Sohn offenbaren will (Luk. 10,22).

für solche, die an ihrem Glaubensgrund zweifelnd werden, wenn sie die mancherlei Ausbrüche des Leibes des Todes zu genau nehmen

Ich habe mich oft über die Ausbrüche des Leibes des Todes bei David verwundert, der doch ein Mann nach dem Herzen Gottes gewesen ist, daß er dabei eine so reine Liebe zu Gott behalten hat (Psalm 18). Nämlich

1. David hat nachgefragt und Bedingungen gestellt wegen des Zweikampfs mit Goliath, und Eliab hat es ihm verwiesen.
2. Er hat sich vor Abimelech verstellt.
3. Er hat sich am Hof des Königs Achis für wahnsinnig ausgegeben.
4. Er hat lose Leute zu seiner Leibwache genommen.
5. Er hat seinem Gelüsten nach der Quelle in Bethlehem stattgegeben unter Lebensgefahr für die, die sich erboten, das Wasser zu holen (1. Chronik 12).
6. Er hat den Siphiten geflucht (1. Samuel 26).
7. Er hat gegen Nabal Rachsucht an den Tag gelegt.
8. Er nahm zu Achis noch einmal seine Zuflucht und schloß mit den Philistern ein Bündnis gegen sein eigenes Volk.
9. Er hat aus Ziklag Ausfälle auf benachbarte Völker gemacht und diese Räubereien vor Achis verleugnet.
10. Er hat an den Ammonitern Grausamkeit verübt.
11. Er hat sich den Weg zur Krone Judas durch Bestechung und durch ein verräterisches Bündnis geöffnet.
12. Er hat den Rat Ahitophels durch Einschalten Husais hintertrieben.
13. Er hat an Mephiboseth und Ziba ungerecht gehandelt (2. Samuel 16).
14. Seine Kinderzucht war auch nicht gerade zu loben.
15. Die Auslieferung der Söhne Sauls an die Gibeoniten tadelt man auch.
16. Endlich beging er Ehebruch und Mord, was ihm am höchsten angerechnet wird.

An alle dem halten sich die Weltkinder auf, die derartige Ausbrüche nach den Regeln der strengsten Moral beurteilen und nicht glauben können, daß neben solchen Ausspründlingen des Fleisches noch eine so reine Liebe zu Gott bestehen könne. Das kommt jedoch daher: Sie berücksichtigen in ihren Gedanken die der Menschheit eigenen Anhänglichkeiten nicht genug, wovon doch Paulus sagt, daß die ganze irdische Kreatur sich in einem seufzenden, zusammenkrächzenden Zustand befinde und daß Gott die Menschen in einer Notwendigkeit des Sündenwusts geboren werden lasse, wie Hesekiel sagt: »Ich sah dich von Geburt an in deinem Blute liegen«, und daß Gott diesen Sündern dennoch die herrlichsten Kleider zu ihrer Bedeckung anziehe, wie in dessen 16. Kapitel zu lesen ist. Die Bewohner der Planeten haben vermutlich keine so unreinen und befleckten Beschaffenheiten an sich wie die Menschen, die auf der Erde geboren werden und die Gott wegen des Falls des ersten Engels und wegen Adams Fall verflucht hat; und doch achtet der Herr auf die gefallenen Adamskinder viel mehr als auf die, die in keiner solchen Unreinigkeit gezeugt und geboren worden sind. Er nimmt nirgends der Engel Natur an sich, sondern des Samens Abrahams nimmt er sich an (Hebr. 2,16). Wir müssen unsere Schande tragen; aber diese Schande nimmt Jesus auf sich. Deswegen gefallen die sündigen Menschen Gott mehr, als wenn sie kristallrein geboren worden wären; denn die Schmach derer, die Gott schmähen, fällt auf Christus. Darum hat uns Gott durch den Tod seines Sohnes als Versöhnte angesehen, als wir noch seine Feinde waren, weil der Tod und die Versöhnung rückwärts bis auf den Fall Adams wirkt und Gott alle Adamskinder in dem Ziel der Menschwerdung, nämlich in Maria, angesehen hat, wie wir in dem Brief an die Römer lesen.

David konnte bei aller seiner Sünde sagen: »Ich bin ohne Wandel vor ihm; darum vergilt mir der Herr nach meiner Gerechtigkeit der reinen Liebe zu Gott« (Psalm 18).

Wenn nun David bei allen seinen vor der Welt ungültigen Bezeugungen nach dem Fleisch sich noch seiner herzlichen Liebe zu Gott zu rühmen wußte, so gilt das den schwachen Gläubigen auch, wenn die reine und gerade Liebe zu Gott einmal festgestellt ist und sie sich gleichwohl über die aus dem Leibe des Todes ausbrechenden Unrichtigkeiten noch beklagen müssen. So erinnert euch und denkt daran, wenn Paulus sagt: »So diene ich nun mit dem Gemüte dem Gesetz Gottes, aber mit dem Fleisch dem Gesetz der Sünde« (Römer

7,25)! Gebt aber dem Fleisch nicht Raum dadurch, daß ihr grobe Befleckungen für unschuldige Dinge haltet; sonst würdet ihr nach dem Fleisch und nicht nach dem Geist wandeln! Wenn ihr durch Ergebung in den Dienst Jesu einmal vom bösen Gewissen losgeworden seid, dann müßt ihr in eurem Glaubensgrund nicht so unbeständig sein, daß ihr, wann der Satan mit den unrichtigen Dingen der zeitlichen Geschäfte über euch herrauscht, euch deswegen beschuldigt, als hättet ihr wider euren Glauben angestoßen. Der Teufel ist immer hinter euch her, und weil Glauben und Skrupulieren (Zweifeln) immer nebeneinander laufen, wie es in 2. Korinther 5 steht: »Als die Zweifelnden, aber doch nicht im Zweifeln Gefallenen«, so müßt ihr eben dem Teufel die Freude nicht machen, daß ihr euch über notgedrungene Fehler beunruhigt, sondern müßt, wie David sagt, das Recht behaupten: »Rühmt alle, ihr Frommen!« (Psalm 32,11) Das ist in den vielerlei Fällen aber manchmal nicht leicht zu üben. Der verborgene Mensch, den wir mitten in der äußeren Hütte tragen, wird von dem viehischen Wesen des Leibes des Todes oft so überzogen, daß man ausschweift und in zweifelhafte Irrungen gerät. Da muß man im Gedränge aber dennoch rufen: »Abba, lieber Vater, sieh meine Unwürdigkeit nicht an! Sieh mich in Jesus Christus an, dem ich mich zum Dienst und zur Jüngerschaft übergeben habe!« Das ist dann ein großer Sieg, wenn man guten Muts ist in Schwachheiten, in Ängsten, in Bedrängnissen und sich an der Gnade Jesu genügen läßt. Lest die Predigt über Römer 8,12—17, Epistelbuch, 8. Sonntag nach Trinitatis! Wir bringen unsere Zeit mit vielem Klagen über das menschliche Elend zu, wo wir doch danken sollten, daß uns Gott von der Unwissenheit der Ungläubigen errettet hat.

Wenn daher schwache Brüder zu den starken kommen, sollten sie vorbereitet kommen und nicht so viel leere Umschweife durch Erzählen ihrer Schwachheiten oder der gewohnten Leier ihrer angenommenen Meinungen machen, sondern sie sollten sagen: Ich habe Jesus erkannt, ich habe mich in seine Schule begeben; es fehlt mir aber noch manches. Paulus hat zu seinen Gläubigen gesagt: Ich will die Mängel eures Glaubens ergänzen (1.Thess. 3,10); ihr müßt aber eure Glaubensmängel kennen und nicht sagen: Wenn ich den Heiland habe, dann habe ich alles; ich habe keinen Mangel. Statt dessen solltet ihr sagen: Ich habe Mangel an Erkenntnis der Versöhnung und Erlösung; ich habe Mangel an Erkenntnis des Hohenpriestertums Jesu; Jesus sagt viel vom Essen und Trinken an seinem Tisch —: Ich verstehe das nicht recht; ich sehe die Tücke der Sünde noch nicht ein; sie betrügt mich noch mit schönen Vorwänden. So sollten schwache Brüder zu den starken kommen; aber die schwachen Brüder laufen hin und her. Sie sind durch das Lesen der Worte Jesu nicht zubereitet, daß sie durch die Wahrheit frei würden. So laufen viele Brüder in ihrem eingeschränkten Sinn wohl lange Jahre im Ring herum, bis sie nach dem Tode mit den törichten Jungfrauen sehen, daß sie sich als versöhnt und gerechtfertigt angesehen haben, aber ohne Öl in ihren Lampen. Sie sollten ihre Mängel in der Erkenntnis der Herrlichkeit Gottes den starken Brüdern anzeigen; sie sollten sagen: Ich kenne mich nicht recht, sowohl nach den Anhänglichkeiten an den Leib des Todes als auch nach dem Geist und der Seele. Helft mir aus diesen Mängeln! Ich erkenne die Verbindung der Rechtfertigung mit den letzten Dingen nicht. Der Teufel klagt die Heiligen noch an über dem Rest, den sie gesetzt haben —: Wie werde ich los von dem Wort Jesu: »Wenn ihr nun darbet?« Wie nehmen sie mich auf in die ewigen Hütten? Solche und andre Fragen sollten die umlaufenden Brüder machen; dann würden sie in vier Wochen weiter kommen als sonst in Jahr und Tag.

Jesus helfe euch nun dazu, daß ihr statt des Klagens über euer Elend oder statt der Wiederholung eurer kurzsichtigen Lehre, von der ich eingangs schon gesagt habe, danksagen lernt über die Barmherzigkeiten Gottes, die euch nun in Jesus Christus immer mehr kundwerden sollen bis zum Geheimnis Gottes und Christi!